中国古代床文化

王 俊 著

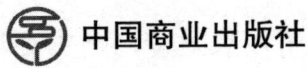
中国商业出版社

图书在版编目（CIP）数据

中国古代床文化 / 王俊著. -- 北京：中国商业出版社，2022.1

ISBN 978-7-5208-1879-7

Ⅰ.①中… Ⅱ.①王… Ⅲ.①床—文化研究—中国—古代 Ⅳ.① K875.24

中国版本图书馆 CIP 数据核字（2021）第 225810 号

责任编辑：李 飞　蔡 凯

中国商业出版社出版发行
010-63180647　www.c-cbook.com
（100053　北京广安门内报国寺 1 号）
新华书店经销
三河市吉祥印务有限公司印刷
*
710 毫米 ×1000 毫米　16 开　15 印张　162 千字
2022 年 1 月第 1 版　2022 年 1 月第 1 次印刷
定价：40.00 元
* * *
（如有印装质量问题可更换）

《中国传统民俗文化》编委会

主　编　傅璇琮　著名学者，国务院古籍整理出版规划小组原秘书长，清华大学古典文献研究中心主任，中华书局原总编辑
顾　问　蔡尚思　历史学家，中国思想史研究专家
　　　　卢燕新　南开大学文学院教授
　　　　于　娇　泰国辅仁大学教育学博士
　　　　张骁飞　郑州师范学院文学院副教授
　　　　鞠　岩　中国海洋大学新闻与传播学院副教授，中国传统文化研究中心副主任
　　　　王永波　四川省社会科学院文学研究所研究员
　　　　叶　舟　清华大学、北京大学特聘教授
　　　　于春芳　北京第二外国语学院副教授
　　　　杨玲玲　西班牙文化大学文化与教育学博士
编　委　陈鑫海　首都师范大学中文系博士
　　　　李　敏　北京语言大学古汉语古代文学博士
　　　　韩　霞　山东教育基金会理事，作家
　　　　陈　娇　山东大学哲学系讲师
　　　　吴军辉　河北大学历史系讲师
策划及副主编　王　俊

序　言

中国是举世闻名的文明古国，在漫长的历史发展过程中，勤劳智慧的中国人创造了丰富多彩、绚丽多姿的文化。这些经过锤炼和沉淀的古代传统文化，凝聚着华夏各族人民的性格、精神和智慧，是中华民族相互认同的标志和纽带，在人类文化的百花园中摇曳生姿，展现着自己独特的风采，对人类文化的多样性发展做出了巨大贡献。中国传统民俗文化内容广博，风格独特，深深地吸引着世界人民的眼光。

正因如此，我们必须按照中央的要求，加强文化建设。2006年5月，时任浙江省委书记的习近平同志就已提出："文化通过传承为社会进步发挥基础作用，文化会促进或制约经济乃至整个社会的发展。"又说，"文化的力量最终可以转化为物质的力量，文化的软实力最终可以转化为经济的硬实力。"（《浙江文化研究工程成果文库总序》）2013年他去山东考察时，再次强调：中华民族伟大复兴，需要以中华文化发展繁荣为条件。

正因如此，我们应该对中华民族文化进行广阔、全面的检视。我们应该唤醒我们民族的集体记忆，复兴我们民族的伟大精神，发展和繁荣中华民族的优秀文化，为我们民族在强国之路上阔步前行创设先决条件。实现民族文化的复兴，必须传承中华文化的优秀传统。现代的中国人，特别是年轻人，对传统文化十分感兴趣，蕴含感情。但当下也有人对具体典籍、历史事实不甚了解。比如，中国是书法大国，谈起书法，有些人或许只知道些书法大家如王羲之、柳公权等的名字，知道《兰亭集序》是千古书法珍品，仅此而已。再如，我们都知道中国是闻名于世的瓷器大国，中国的瓷器令西方人叹为观止，中国也因此获得了"瓷器之国"（英语china的另一义即为瓷器）的美誉。然而关于瓷器的由来、形制的演变、纹饰的演化、烧制等瓷器文化的内涵，就知之甚少了。中国还是武术大国，然而国人的武术知识，或许更多来源于一部部精彩的武侠影视作品，对于真正的武术文化，我们也难以窥其堂奥。我国还是崇尚玉文化的国度，我们的祖先发现了这种"温润而有光泽的美石"，并赋予了这种冰冷的自然物鲜活的生命力和文化性格，如"君子当温润如玉"，女子应"冰清玉洁""守身如玉"；"玉有五德"，即"仁""义""智""勇""洁"；等等。今天，熟悉这些玉文化内涵的国人也为数不多了。

也许正有鉴于此，有忧于此，近年来，已有不少有志之士开始了复兴中国传统文化的努力之路，读经热开始风靡海峡两岸，不少孩童以至成人开始重拾经典，在故纸旧书中品味古人的智慧，发现古文化历久弥新的魅力。电视讲坛里一拨又一拨对古文化的讲述，也吸引着数以万计的人，重新审视古文化的价值。现在放在读者面前的这套"中国传统民俗文化"丛书，也是这一努力的又一体现。我们现在确实应注重研究成果的学术价值和应用价值，充分发挥其认识世界、传承文化、创新理论、资政育人的重要作用。

中国的传统文化内容博大，体系庞杂，该如何下手，如何呈现？这套丛书处理得可谓系统性强，别具匠心。编者分别按物质文化、制度文化、精神文化等方面来分门别类地进行组织编写，例如，在物质文化的层面，就有纺织与印染、中国古代酒具、中国古代农具、中国古代青铜器、中国古代钱币、中国古代木雕、中国古代建筑、中国古代砖瓦、中国古代玉器、中国古代陶器、中国古代漆器、中国古代桥梁等；在精神文化的层面，就有中国古代书法、中国古代绘画、中国古代音乐、中国古代艺术、中国古代篆刻、中国古代家训、中国古代戏曲、中国古代版画等；在制度文化的层面,就有中国古代科举、中国古代官制、中国古代教育、中国古代军队、中国古代法律等。

此外,在历史的发展长河中,中国各行各业还涌现出一大批杰出人物,至今闪耀着夺目的光辉,以启迪后人,示范来者。对此,这套丛书也给予了应有的重视,中国古代名将、中国古代名相、中国古代名帝、中国古代文人、中国古代高僧等,就是这方面的体现。

生活在21世纪的我们,或许对古人的生活颇感兴趣,他们的吃穿住用如何,如何过节,如何安排婚丧嫁娶,如何交通出行,孩子如何玩耍等,这些饶有兴趣的内容,这套"中国传统民俗文化"丛书都有所涉猎。如中国古代婚姻、中国古代丧葬、中国古代节日、中国古代民俗、中国古代礼仪、中国古代饮食、中国古代交通、中国古代家具、中国古代玩具等,这些书籍介绍的都是人们颇感兴趣、平时却无从知晓的内容。

在经济生活的层面,这套丛书安排了中国古代农业、中国古代经济、中国古代贸易、中国古代水利、中国古代赋税等内容,足以勾勒出古代人经济生活的主要内容,让今人得以窥见自己祖先的经济生活情状。

在物质遗存方面,这套丛书则选择了中国古镇、中国古代楼阁、中国古代寺庙、中国古代陵墓、中国古塔、中国古代战场、中国古村落、中国古代宫殿、中国古代城墙等内容。相信读罢这些书,喜欢中国古代物质遗存的读者,已经能掌握这一领域的大多数知识了。

除了上述内容外,其实还有很多难以归类却饶有兴趣的内容,如中国古代乞丐这样的社会史内容,也许有助于我们深入了解这些古代社会底层民众的真实生活情状,走出武侠小说家加诸他们身上的虚幻的丐帮色彩,还原他们的本来面目,加深我们对历史真实性的了解。继承和发扬中华民族几千年创造的优秀文化和民族精神是我们责无旁贷的历史责任。

不难看出,单就内容所涵盖的范围广度来说,有物质遗产,有非物质遗产，还有国粹。这套丛书无疑当得起"中国传统文化的百科全书"的美誉。这套丛书还邀约大批相关的专家、教授参与并指导了稿件的编写工作。应当指出的是，这套丛书在写作过程中，既钩稽、爬梳大量古代文化文献典籍，又参照近人与今人的研究成果，将宏观把握与微观考察相结合。在论述、阐释中，既注意重点突出，又着重于论证层次清晰，从多角度、多层面对文化现象与发展加以考察。这套丛书的出版，有助于我们走进古人的世界，了解他们的生活，去回望我们来时的路。学史使人明智，历史的回眸，有助于我们汲取古人的智慧，借历史的明灯，照亮未来的路，为我们中华民族的伟大崛起添砖加瓦。

是为序。

傅璇琮

2014年2月8日

前　言

在人类生活中，有至少三分之一的时间是用于睡眠，因而床对于人的生活尤为重要。床是人类生活中不可缺少的物件，从木棍到草席，从矮床到高床，从棉花到布匹，从简单到复杂，从开敞到封闭、从帐幔临时性围合到床结构自身的封闭性，是为床的发展史。今天一提到"床"，就是指卧室当中供人躺在上面睡觉的家具。但是在古代，床并不单单是供睡觉的"床铺"。床的历史相当悠久，现存史料最早的记载是《战国策·齐策》，文云："孟尝君出行国，至楚，献象床。"东汉刘熙《释名·释床帐》中说："人坐卧曰床。床，装也，所以自装载也。"其将"床"的含义解释得很明白，是当时人们日常生活中用来坐卧的家具。

床在人类的生命中占据着重要地位，它为人类提供了休息和睡眠的场所，解决了人们最基本的住宿问题，为人类的进一步发展奠定了简单的物质基础。在所有的家具中，床与人的关系最密切。在中国古代早期社会，床与榻都是统治阶级或富人的专用品，普通百姓还是席地而坐。床、榻的使用是身份的象征，因为秦汉时期，人们席地而坐。床作为卧具，许多文献上都有对床的记载，宋代是中国家具史上重要的发展时期，过去限于官宦贵族等上层人家使用的垂足坐高型家具已进入平常百姓之家，垂足坐已逐渐取代了席地坐的生活方式。这时的床，在贵族阶层是很讲究的，有的上设屏风，有的上设幔帐。正因如此，封建礼教的内容成为床演变发展的重要因素之一。

俗语有云：一世做人，半世在床。人生有将近一半的时间是在床上度过的，李渔《闲情偶寄·床帐》中有一段关于床的精彩描述："人生百年，所历之时，日居其半，夜居其半。日间所处之地，或堂或庑，或舟或车，总无一定所在。而夜间所处，则只有一床，是床也者，乃我半生相共之物。较之结发糟糠犹分先后者也，人之待物其最厚者莫过于此。"一语道破了床的重要性。

正因为床是人类生命中最好的伙伴，所以人们在床上倾注了丰富的情感，不惜工本地把大量的精力、人力和财力耗费在床上，对床进行细致的雕琢刻画，使之成为一件充满无限生活意趣的艺术品，尤其是婚床，因为其承载着人们对于未来生活的美好祝愿，往往做工更为考究，制作也更为奢华。不仅如此，以床为中心，还形成了丰富多彩的床文化，从传统民俗、诗词歌赋、民间传说中都可以看到床的踪迹。床还是身份地位的一种化身，不同职业、不同阶层的人，使用的床也不一样，往往地位和身份越高的人，使用的床也越高级。可以说，床的发展史就是人类的进步史，床的变化史就是社会风俗的变迁史，床的形制风貌代表着人类的精神面貌。

床，以独有的文化价值和艺术风貌，成为中华民族的一种文化符号。为了使读者更为真实地触摸到中国古代床及床文化的发展脉搏，弘扬中国的床文化，我们将这本书献给读者。

本书以翔实的史料、丰富的内容，将中国古代各个时期床的产生、发展、特征、形状、制作等进行梳理，并对不同种类、不同地域、不同民族的床进行了简要介绍，同时，书中比较全面地展示了中国古代的一些床俗，以及与床相关的诗词、典故。

吴　雨

於普纳威美亚公寓

庚子秋

目 录

第一章 源远流长：床的起源和发展 …………………… 1

第一节 夏商周及以前：从席地而卧到床的产生………… 1
一、以席为中心的生活方式 ……………………………… 2
二、床的诞生 ……………………………………………… 9

第二节 春秋战国：彩漆工艺与床的形制……………… 12
一、漆木家具的兴起和繁荣 ……………………………… 12
二、彩绘木床和折叠床 …………………………………… 15

第三节 秦汉时期：床榻成为室内的主要陈设………… 20
一、床——日常起居的中心 ……………………………… 21
二、榻的兴起和普及 ……………………………………… 24

第四节 魏晋南北朝：床榻的发展变革………………… 28
一、架子床 ………………………………………………… 29
二、榻 ……………………………………………………… 33
三、胡床 …………………………………………………… 35
四、绳床 …………………………………………………… 39

第五节　隋唐五代：床榻的流行 …………………………… 41

　　一、卧具床 ………………………………………………… 42

　　二、榻床 …………………………………………………… 46

第六节　宋辽金元：床榻走向成熟 ………………………… 50

　　一、宋辽金卧具床 ………………………………………… 51

　　二、宋代榻床 ……………………………………………… 54

　　三、元代床榻 ……………………………………………… 60

第七节　明清时期：床榻的黄金时代 ……………………… 63

　　一、架子床 ………………………………………………… 64

　　二、拔步床 ………………………………………………… 68

　　三、罗汉床 ………………………………………………… 73

第二章　琳琅满目：丰富多彩的床榻类型 ………………… 79

第一节　不同材质的床 ……………………………………… 79

　　一、木　床 ………………………………………………… 79

　　二、石床和石榻 …………………………………………… 83

　　三、土床 …………………………………………………… 87

　　四、竹床 …………………………………………………… 88

　　五、藤床 …………………………………………………… 91

第二节　不同雕刻内容的床 ………………………………… 93

　　一、婚床 …………………………………………………… 93

二、子孙床 …………………………………… 99
　　三、福寿双全床 ……………………………… 102
　　四、纳祥辟邪床 ……………………………… 104

第三节　供不同人群使用的床 ………………………… 108
　　一、龙床 ……………………………………… 108
　　二、小姐床 …………………………………… 111
　　三、文人床 …………………………………… 113

第四节　其他种类的床榻 ……………………………… 115
　　一、漆床 ……………………………………… 115
　　二、贵妃榻 …………………………………… 117
　　三、板床和板榻 ……………………………… 119
　　四、凉榻 ……………………………………… 119
　　五、二宜床 …………………………………… 121
　　六、屋床 ……………………………………… 121
　　七、床柜 ……………………………………… 122

第三章　各有特色：不同地域和民族的床榻 ……… 123

第一节　不同地域的床榻 ……………………………… 123
　　一、苏作床 …………………………………… 123
　　二、广作床 …………………………………… 126
　　三、宁波床 …………………………………… 129
　　四、川作床 …………………………………… 132

第二节　不同民族的床榻 …… 137

一、土家族滴水床 …… 137

二、蒙古族折床 …… 142

三、茶山瑶月亮床 …… 146

四、维吾尔族摇床和吊床 …… 147

第四章　绚丽多姿：传统民俗和床文化 …… 152

第一节　婚丧习俗与床的联系 …… 152

一、铺房 …… 152

二、压床・翻床・滚床 …… 155

三、坐帐 …… 158

四、撒帐 …… 162

五、同房不共床 …… 168

六、引路鸡和带尾蔗 …… 169

七、换床 …… 170

第二节　节日风俗中的床印记 …… 174

一、除夕夜照虚耗 …… 174

二、二月二熏床炕 …… 176

三、端午节床帐撒酒 …… 176

四、中秋送子于床 …… 177

第三节　其他床俗 …… 178

一、床神信仰 …… 178

二、铺产床 ………………………………………… 183

第五章 古风神韵：床与诗词典故 ………………… 185

第一节 古诗词里的"床"形象 ………………… 185
一、屋漏床湿忧民情 ………………………………… 186
二、月照半床思故乡 ………………………………… 189
三、人去床空悼亡人 ………………………………… 193
四、半榻空床寄幽怨 ………………………………… 195
五、卧床方榻触心声 ………………………………… 199

第二节 床榻典故 ………………………………… 205
一、迎宾下榻 ………………………………………… 205
二、抚床进谏 ………………………………………… 207
三、高卧东床 ………………………………………… 208
四、胡床吹笛 ………………………………………… 210
五、御床塌陷 ………………………………………… 211
六、卧榻之侧，岂容他人酣睡 ……………………… 212
七、夜雨对床 ………………………………………… 213
八、吟榻观潮 ………………………………………… 214

参考文献 ……………………………………………… 217

第一章

源远流长：床的起源和发展

第一节 夏商周及以前：从席地而卧到床的产生

床的历史十分悠久，最早可以追溯到新石器时代。

在床产生之前，原始先民一开始是以茅草、树叶等作为"坐卧具"的，后来出现了席，人们便席地而卧（坐）。"席"可以视为床榻的起始。大概在新石器时代中期，出现了最早的床。由于如今没有实物可参照，所以当时床的具体形态不得而知。到了阶级社会的夏商周时期，床得到进一步发展，通过甲骨文可以知道当时的床主要是作为卧具，分为石板床和木板床等。

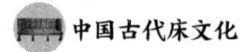

一、以席为中心的生活方式

坐卧具是人类最早使用的家具之一,它的出现和早期人类的居住方式有着密切关系。

那么,早期人类的居住方式是怎样的呢?恩格斯在论述人类起源和进化的历史时明确指出,人类祖先(初期阶段的猿人)刚刚脱离动物界的时候,仍然生活在热带密林之中,为了在莽莽荒野、猛兽成群的恶劣环境中生存下去,他们都居住在树上。

这种在树上栖居的生活方式在我国古典文献中也有较多记载。如《庄子·盗跖》中写道:"古者禽兽多而人少,于是民皆巢居以避之。昼拾橡栗,暮栖木上,故命之曰'有巢氏之民'。"在这种"栖巢居树"阶段,当然没有坐卧具可言。

至于人类是从什么时候开始由树上转移到地面或洞穴生活的,确切时间已经无法考证。根据现有的对史前遗址的考古发现来看,人类在天然洞穴生活至少已有二三百万年的历史。而人类依靠双手建造住所在地面生活则要晚到距今一两万年前。在漫长的穴居生活中,原始人类过着茹毛饮血的生活,白天用鸟羽兽皮和树叶茅草来蔽体,晚上则将其作为铺盖御寒取暖,正如《礼记·礼运》中所描述的:"食草木之实,鸟兽之肉,饮其血,茹其毛,未有麻丝,衣其羽皮。"这些鸟羽兽皮和树叶茅草可以视为最早形态的"席褥",也可以说是人类最原始的"床"。

在旧石器时代晚期,距今5万至1万年前,随着生产力的发展,出现了编织和缝纫技术,人类渐渐掌握了编织草席、缝制皮衣和被褥等先进工艺。这些编织或缝制出来的草席、被褥等,在人类的加工改造下,成为形体比较固定的坐卧用具。虽然这类坐卧用具还很简陋,编织和缝纫方法也十分原始,但是毫无疑问,它们已经属于家具的范畴了。

到了距今1万年左右的新石器时代初期,出现了原始农业,人类开始脱离穴居生活。在气候温和、适合农耕的大河平原地带,人们修建起地穴式和半地穴式的房屋;在潮湿多雨的湿润地区,人们总结"树居"经验,建造起高出地面的干栏式建筑。这种干栏式建筑遗迹在南方许多地区都有发现,其中,浙江余姚河姆渡干栏式建筑(距今约7 000年)是目前发现的时代最早的干栏式建筑。从河姆渡文化遗址中,可以看到当时已经使用带榫卯的木构件,如带梢钉孔的榫、燕尾榫等。这为后来木器家具构件的制作提供了技术条件。同时,河姆渡文化遗址中还出土了很多编织席实物。通过发现的草席、苇席等残片,可以看到当时席子的编织方法已经比较成熟,采用的是二经二纬"人"字形交互编织工艺。

河姆渡文化遗址出土的苇席残片

需要说明的是，有关席纹和其他编织纹的图案在河姆渡文化阶段以前就已经出现在了陶器上。如内蒙古兴隆洼文化和山东北辛文化陶器上就印有十字纹、人字纹等席纹，一些席纹似乎已经采用细篾式的辫子纹织法。此外，裴李岗文化和老官台文化遗址中还出土有类似粗麻布纹的压印陶片，说明当时已经具有原始的纺织技术。

在新石器时代中后期，编织席的织法更加丰富，使用也更广。不少新石器时代文化遗址中都出土有大量编织席实物。如在江苏苏州草鞋山遗址下层居住面上（距今约6 000年）发现有篾席和芦席，从中可以看出，当时的编织工艺已经相当先进。在浙江湖州钱山漾遗址（距今约5 000年）中出土有大量竹席、篾席等。竹篾大多经过刮光，编织方法多种多样，有一经一纬、二经二纬、多经多纬的十字形和人字形，此外还有格子形、菱花形等。一些席子已经采用辫子口、梅花眼等比较复杂的编织技艺，显示了当时高超的竹编技巧。

到了夏商周时期，席依然是人们起居常用的物品。大禹时代，席的编织技术已经获得很大发展，出现了边缘花纹装饰和丝麻织物包边，并开始使用茵席（在车中坐用的虎皮垫子），但是当时茵席还是一种稀有品，并不是十分流行，如《壹是纪始》卷十一记载："至禹作讲席，颇缘此弥侈矣，而国不服者三十三。"随着社会的发展进步，到了殷商晚期，妇女已坐文绮之席，穿绫纨之衣，而茵席也得到了比较广泛的使用。

到了周朝，丝织工艺在前代的基础上又取得了很大进步。尤其是西周时期，各种丝麻编织而成的毡、毯、茵、褥等用品已经在社会上普及。在周穆王时期,就有"紫罗文褥"的记载。伴随着编织、织绣技艺的不断提高,席的发展呈现出一派繁荣的景象。席子的花色品种不断增加。从制作技术来看,当时的席主要可以分成编织席、纺织席两类。

编织席包括凉席和暖席,凉席一般由苇、草、竹、藤编制而成,有时也采用丝麻制作,暖席则主要由棉、毛和兽皮制成。《周礼·春官》中提到的"五席"指的就是编织席。

"五席"指莞席、藻席、次席、蒲席、熊席。

莞席是一种比较粗糙的、铺在底层的席子,由莞草(也称小蒲、水葱)编制而成,常常用作"筵"。《诗经·小雅·斯干》中记载:"下莞上簟,乃安斯寝。"

藻席有狭义和广义之分。从狭义上来说,是指由染色的蒲草编成花纹或者以五彩丝线夹在蒲草之中编成的席子;从广义上讲,指的是经过修饰的、花纹精美且色彩艳丽的席子。藻席一般都是铺在莞席上使用的。

次席是一种竹席,用桃枝竹编制而成。《周礼·春官·司几筵》中写道:"加次席黼纯。"郑玄注曰:"次席,桃枝席,有次列成文者。"

蒲席是由蒲草叶编成的席子,手感顺滑,质地柔温。蒲席通常铺在筵上使用,编织比较粗糙的则用来作为"筵",铺在底层。

熊席,据说是用熊皮或兽皮制成的席子,专门供天子狩猎或者出征时使用。

除以上"五席"外,编织席还有篾席、苇席等。

纺织席多用丝麻作为原料,常见的种类有毡、毯、茵、褥。

毡由丝麻和兽毛混合编织而成，是一种很常见的坐卧具。它的历史十分悠久，可以追溯到上古黄帝时代。西周时期，出现了专门为天子制作毡的工匠和职官。

毯也是用丝麻或者兽毛制成。相比于毡，毯更细密，也更轻薄。这种纺织席在我国古代西北少数民族中广为流行。其发展历史也十分久远，可以追溯至尧舜时期，如《壹是纪始》中就有"尧作毯"的描述。

茵、褥其实是一个概念，都是指铺垫物，因而又有"茵褥"之称。文献中关于褥的描述比较丰富，通过一些资料我们可以知道，最早关于褥的传说起源于神农氏，如《格致镜原》引《黄帝内传》说"王母为帝列七宝登真之床，敷华甘净光之褥"。

周朝席的使用受礼制文化的影响，和上层阶级的政治统治密切相关，并成为阶级地位的象征。在当时的礼乐制度中，对席的形制、材质、装饰和使用都有严格的规定，要根据身份贵贱和地位高低而使用不同的席子，不能有丝毫僭越。如《周礼·春官》记载："司几筵掌五几五席之名物，辨其用，与其位。"

在周朝，不管是普通百姓还是达官贵族，招待宾客的时候都要布席。席常常与筵配合使用，为了将二者区分开，人们将铺在底下的大席称为筵，将放在筵上的席子称为席。布席的时候，首先在地上铺筵，然后在筵上铺设小席，人坐在小席上。出于对客人的尊重，主人应在布席之前询问客人想要坐在哪个位置，脚朝向哪个方位。而客人也要懂得礼节，应当在入席之前脱掉靴子，登席的时候要由下（古人以西为下）而上进入自己所坐的位置，不能踩住先登席的人的鞋子，更不能踩在席子上，就像《礼记·曲礼》所说的"毋践履,毋踏席"。入席之后,客人要抚席道谢。

席地而坐

根据使用对象和场合的不同,席有单席、连席、对席和专席的分别。

单席是为尊者设置的,来表达对他们的敬意。连席是指多人坐卧在一张席上。古时铺在地上的横席可以同时坐四个人,让长者或尊者坐首席,而且坐席者身份地位要大致相当,不能相差太大,不然长者或尊者就会认为受到了侮辱。如果席子容纳不了四个人,就要另外设一张坐席,让长者或尊者坐在上面。对席是为能互相讲学而专门设置的,《礼记·曲礼》载:"若非饮食之客,则布席,席间函丈。"意思是说,师生所坐两席之间相隔一丈。

专席是为患病之人和家有丧事者准备的。在古代，如果一个人遭遇不吉之事，如家人去世或者犯罪坐牢等，则当其应约赴宴时，就要主动坐在旁边的专席上，这对主人来说是一种尊敬。

此外，在席子的使用方面还讲究"加席""重席"等礼法。加席是指在坐席上再加一重席，重席是指铺多层席子。加席和重席都是对尊者的礼貌，其用法根据使用者的身份、地位、权力而定。比如重席，一般来说，"天子席五重，诸侯三重，大夫再重"。

周代以后，以席为中心的生活方式继续使用，直到秦汉以后，床榻渐渐普及，席最终演变为床榻的附属物。

知识链接

曾子换席

古人很注重席子的使用礼仪。《礼记·檀弓上》记载了一则曾子坚持守礼，要求换席的故事。当时，曾子重病卧床，生命垂危，他的弟子子春坐在床下，两个儿子曾元、曾中坐在脚边，一个童仆拿着蜡烛坐在墙角。童仆看着曾子的床说："床上的席子漂亮光滑，是大夫才能享用的竹席吧？"子春说："闭嘴！"曾子听到童仆的话，惊惧地说："啊！"童仆接着说："床上的席子漂亮光滑，是大夫才能享用的吧？"曾子说："是的。这席子是季孙送给我的，我没有把它换掉。曾元，扶我起来换掉竹席。"曾元说："您的病已经很严重了，不能移动，希望能到天亮，到时候一定遵从您的意思换掉席子。"曾子生

> 气地说:"你爱我还不如它呢!君子爱人用德行,小人爱人只会无原则地迁就。我现在还要求什么呢?我能合乎礼仪地死去就足够了。"于是,众人抬起曾子的身体,更换竹席。席子换掉以后,曾子还没有躺好就去世了。

二、床的诞生

"床"是继席之后产生的另外一种坐卧用具,大约出现于新石器时代中后期。床的出现是对"席地而卧(坐)"生活方式的进一步改善。

床起源于土炕。考古工作者发现,在距今六七千年前的新石器时代中期陕西西安半坡村遗址,人们就已经开始使用土炕。半坡人在房屋中央地面挖出一座灶炕,平时围坐在灶炕边饮食,饮食器具全部放在地面。炕十分低矮,只有10厘米高,是挖地下室时留出的土台,这种土炕可以视为床的雏形。

新石器时代后期,出现了象征"死者之家"的木棺和棺床。既然有能力为死者置办棺床,想来生者的床也不会太差。根据山东大汶口文化遗址出土的墓葬可以知晓,当时已有用原木垒成的"Ⅱ"形、"井"字形等棺椁形式。大部分棺椁下面铺设棺床,上面有椁盖,棺床和椁盖主要由原木或木板排列捆扎而成。根据"事死如事生"可以推测,当时的卧具中极有可能已经出现最早形态的"床",床的样式类似棺床,也是用原木或木板捆扎而成,有的还在木排两端下面加上横木,使木排离开地面,木排上往往铺盖草束和芦苇,最上面再铺竹席、毛皮等,用来防潮御寒,同时可以减少虫子的叮咬，并加强通风。因此，最早形态的床至少在大汶口文化时期就已经出现了。

此外，在青海乐都柳湾墓地（属于马家窑文化，距今约4 500年）中发掘的大量"穿榫""加箍"木棺和棺床等，与大汶口时期的棺床相比已经十分进步。而在湖北黄冈螺蛳山墓葬（属于屈家岭文化，距今约5 000年）中，则发现了与床有关的迄今所知年代最早的"石枕"。

到了夏商周时期，出现了真正意义的床，同时床的形制被逐渐确立下来。从甲骨文中"床""梦""宿""疾"等字的形态，可以看到当时"床"的形象。"床"字示一有床腿支撑的平展床面；"宿"好似人坐卧在室内；"梦"犹如人卧于床榻上；"疾"像病人因疼痛而汗滴如雨躺卧在床上。通过这些象形文字，可以看出那时床的基本结构比较简单，大致是在木质或石质的床腿上搭一块木板或石板，和现在床的基本结构类似。而且可知，当时的床专门指卧具。

甲骨文：床

■ 第一章 源远流长：床的起源和发展

甲骨文：梦

甲骨文：宿

甲骨文：疾

同席一样，当时的床也是礼仪和等级地位的象征。下层百姓使用的床往往比较简单，上层贵族使用的床则比较豪华。比如，牙床是一种精美的木质漆床，上面装饰有各种蚌壳、龟甲等，商纣王就用过这种类型的床。

第二节　春秋战国：彩漆工艺与床的形制

春秋战国时期，社会生产力得到了极大发展，新的发明和制作工艺不断涌现，木工建筑技术、镏金、裸漆、雕画、镶嵌等科学技术获得较大进步，尤其是木工建筑技术和漆器制作工艺的兴盛，促进了床的制作和发展，产生了漆木床、彩绘床等不同的床品种。当时的床分化为坐具和卧具，床的高度比较低矮，人只能跪坐其上，无法垂足而坐。

一、漆木家具的兴起和繁荣

公元前771年，西周为犬戎所灭，周平王即位，建立东周，次年迁都洛阳。从此以后，周王室日益衰败，内部四分五裂，周天子"天下共主"的地位名存实亡，中国历史进入春秋战国时期。在这一历史阶段，各诸侯国之间为了争夺霸主地位，开始了旷日持久的兼并战争。长期的战乱加速了各国各地区间的文化交流和经济发展，也促进了不同族属间的接触和融合。大多数奴隶在这一过程中脱离了身上的枷锁，成为享有部分人身自由的农民或者农奴。劳动者生产积极性得到极大提高，生产力飞速向前发展，渐渐地确立了以小农经济为特征的封建生产关系。与此相对应，奴隶主政权受到极大打击，延续上千年的奴隶社会制度随之趋于崩溃。最后，在封建制度的冲击下，奴隶制度彻底瓦解，封建制度建立起来。

各国之间频繁的军事活动以及当时冶炼技术的不断提高，促使铁器获得大发展，广泛应用于各领域，由此引发了一场社会经济的革命。铁器不仅坚硬，而且锐利，实用性远远超过木石和青铜工具，因此，最终取代了木、石、骨等低效能工具。铁制工具应用于家具制作，缩短了家具制作的周期，提高了加工的精度，同时使木质家具的加工变得简便。从此，木家具进入辉煌时期。这时出现了著名的匠师鲁班，据说他发明了许多工具，诸如钻、锯、刨、曲尺、墨斗等。

春秋战国时期，制漆工艺水平也得到空前提高。制漆工艺在我国有着久远的历史。在世界上，我国是最早使用漆的国家。漆是漆树的分泌物，漆汁中含有水分，称为生漆，生漆经过日晒脱水就成了熟漆。漆液能够在器物表面形成薄膜，用来保护和装饰器物，我们的祖先很早就掌握了在器物上进行漆绘的技术。《韩非子·十过》中说："尧禅天下，虞舜受之，作为食器……流漆墨其上。"近年来，在江苏、山西、辽宁等地出土了不少新石器时代晚期的木胎漆器和漆绘陶器，证实了传说的真实性。春秋战国时期，漆器制作与漆绘技术相比前代有了很大进步，尤其是战国时期对漆树的栽培和生产极为重视，并设置了专门人员进行管理，这些都为后世漆器的兴盛奠定了基础。

湖北随州战国早期曾侯乙墓出土的木质漆器——彩绘龙凤纹盖豆，显示出当时漆绘技术的发达

可以说，正是在木器加工技术和制漆工艺共同发展的有利条件下，漆木家具逐渐崛起，并大量出现。漆木家具的种类十分丰富，主要有坐卧类、承置类、储藏类和陈设类，根据考古发现和史料记载，坐卧类家具有席、床等，其中，床有彩绘木床、折叠木床等不同形制，下文将详细描述。

知识链接

匡 床

春秋战国时期，床的含义第一次分化，既指卧具，又指坐具。可供人们卧的床也可用于坐，而专门用来坐的床大多床体较小，不能用于卧。坐床的床体都很低矮，这与当时社会席地起居的习俗相适应。当时，人们不管是办公、会客还是宴饮,一般都是坐在铺于地面的席上。身份尊贵的人坐在低矮的床上,与坐在席上的人高差不大。庄子《齐物论》记载:"与王同匡床,食刍豢。"《商君书·画策》中说:"是以人主处匡床之上,听丝竹之声,而天下治。"这里的"匡床"就是一种专门的坐具,指的是仅供一个人坐用的方形小床,即"独坐床"。

二、彩绘木床和折叠床

春秋战国时期的床有实物存世,这些保存下来的床都是从已经出土的楚墓中获得的。

楚国位于气候湿热的南方,历来盛产生漆和多种优质木材,楚人也以制作漆木器著称。因此,漆木家具率先在楚地兴起。在楚国的漆木家具中,床具的制作已经相当先进,不仅使用了彩绘雕花等技术,还用到了一些建筑工艺,使床具呈现出一种独特的风情。

楚墓中共出土了3件床具。第一件是1957年考古工作者在河南信阳长台关一号战国早期楚墓发现的,这是一件大漆彩绘雕花围栏木床,是拆卸后放置在木椁右后室内的,是我国目前所知最早并保存完好的床的实物。

彩绘木床长225厘米,宽136厘米,高42.5厘米,分为床体、床足、床栏三部分。床体由四边框和中间一横两纵形床帐组成,边框与横向床帐都很厚重,均采用穿榫法套接;床有六足，四角及前后中部各一个，高 17 厘米，各足透雕两组卷云纹相对称，顶端凸榫，插入床身卯内；床栏分为四层，用竹木做成方格，栏杆交接部位用藤条绑扎，床边中间栏杆处留有缺口方便上下，床脚用铜镶角防止受潮。此床通体髹黑漆，并在床体外侧的黑漆上绘制了连续的红彩回形图案。床的整体造型稳重，色调鲜明，制作工艺精巧，没有过多的附件。部件结合方式丰富多样，主要有穿榫、暗榫、嵌榫、落槽榫和搭边榫等，已是床类家具中的成熟形态。这件床刚出土的时候上面铺有竹编的床屉，屉上铺着六条竹席，席上放置竹枕。其中，竹席均由青竹篾编织而成，篾条光亮细腻，编织技艺高超，图案布局匀称，全部镶以绢边。结合墓中出土的彩绘漆几和雕花漆几等用具来看，可知当时是几、席共用的，由此说明《周礼》《尚书》等典籍中记载的周代几、席制度确凿无疑。

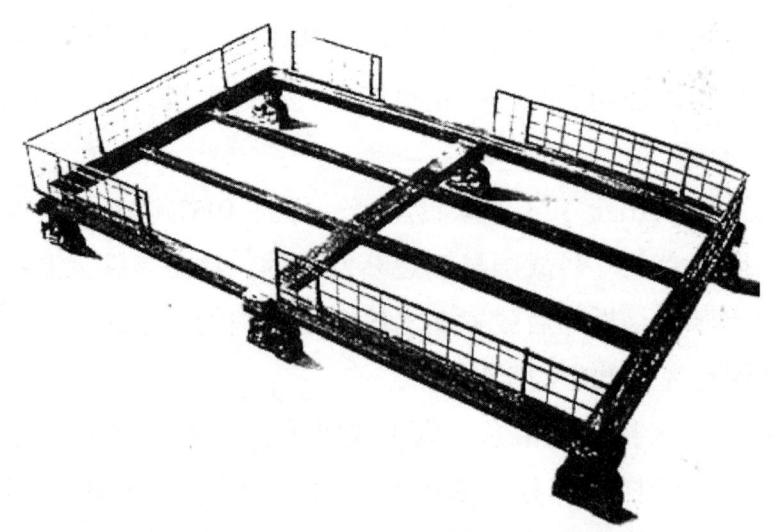

河南信阳长台关一号楚墓出土的彩绘漆木床

另外两件木床，是 1986 年从湖北荆州包山楚墓出土的。一件发掘于包山一号墓，但大部分已经腐朽，只留有床栏等部件。另一件发掘于包山二号墓，是一件结构精美的折叠床。

　　包山二号楚墓出土的折叠木床，是目前已知最早的折叠床。这件床上叠压着六张草席，每张草席上有一床丝绵被。床架在出土的时候已经散乱，其东侧放置一捆竹帘。折叠床的结构包括三部分：床身、床栏和床足。

　　床身由左右对称、形制大小相同的两部分组成。每部分略呈正方形，具有四边框架和两条横向的方木床枨。床侧面两端都凿有方形卯孔，在距离两端大概 23 厘米的位置，上下凿出错向扣合双缺榫，上边内侧凿有浅槽，外侧凿出 31 个间隔分布的床栏插孔，插孔内侧有两个较大的栏柱孔洞。床侧面和床的正背面通过铰合方式相连，铰口外端为方形榫头，同侧面的方形卯孔套接，另一端直接成为床的前后半边，并通过搭边榫的方式和床中间的过梁连接。从床身的结合方式来看，除了双缺榫接、铰接、方形榫接和搭榫接外，还有槽榫嵌接、圆榫插接等。而在左右床身制作完成以后，还要通过一定的技术手段将它们组合起来，形成一个整体。

　　床栏的外形和长台关一号楚墓的床栏相类似，不过结构方法有着显著区别，如在前后踏口处采用阶梯形外延方式，使上下床更加便利。床栏材质采用竹、木料结合的方式，竹、木纵横穿接，拐角或折叠处主要用半圆形竹片穿接。结合方式以搭榫、穿榫为主，此外还有藤皮捆扎、斜口胶结黏合等方法。四面的床栏可以折叠在一起，极其轻便。

床足有两种类型，一种是曲尺形足，另一种是长条形足，前者用于四角，后者用于中部。曲尺形足的结构与其上部床身相对应处相同，也是采用方榫套合和铰接形式。床身和足座之间均用9根上粗下细的木柱支撑，木柱两端嵌在相应的卯孔内。其中，连接上下铰孔的立柱还具有折叠轴的功能。长条形足的结构和曲尺形足一致，不同的是无铰无折，位于中间过梁下的立柱突出床身边搭榫之上，类似于插头榫，具有固定过梁的作用。

湖北荆州包山二号楚墓出土的折叠木床

整个床体拼合起来以后，长度达220.8厘米，宽135.6厘米，通高38.4厘米，其中，床栏部分高14.8厘米。床通体髹黑漆，漆色光亮，看起来并不陈旧，足部也没有受到磨损。床的折叠方法为：先拿下过梁两侧的四根床枨，然后取出过梁间的钩栓，提下过梁横板，最后将分开的前后四段床边分别向内转动，和两侧的床边贴合。这样，整个床体就被折叠起来了。

再说随床出土的竹帘。考古工作者在对竹帘进行整理和修复之后，确定它是铺设在床上的床屉，床屉上再铺设席子，然后铺

第一章 源远流长：床的起源和发展

丝绵被。

包山二号楚墓的年代大约是在战国中期，比长台关一号战国早期楚墓晚了100年左右。这两座陵墓出土的彩绘漆木床和折叠床经过分析应当属于卧具，和后来出现的坐具——榻有着显著差别。两件床都以轻便简练著称，铺床屉而不加床板，有利于通风透气，据此可以推断它们应当属于凉床。在床体造型方面，两床都设有床栏，床下都有六只足作为支撑，床的主要部件大体是采用榫卯结构，表现了建筑工艺对床具制作的重要影响。

在距今2 300多年前的战国早中期，生产力远不及现在的历史阶段，我国古人能够设计并制造出如此精美的床具，不能不令人惊叹！由此也说明我国古代先民有着高超的智慧和卓越的家具制作工艺。

知识链接

象牙床和雕花笭床

象牙床是用象牙雕刻装饰的床，这种床在战国时期是非常贵重的东西，体现出战国造床技术的成熟。《战国策·齐策》中就有关于象牙床的记载，说齐国的孟尝君出行到楚国，楚王派人送象牙床给他。

雕花笭床是用来承垫尸体的木板床。战国楚墓中盛行在内棺内使用笭床。笭床按照雕刻内容的不同，分为龙纹笭床、几何形纹笭床和三角形纹笭床。1953年，长沙仰天湖战国墓出土了一件龙纹笭床，长1.8米，宽43厘米，厚4厘米，中

间透雕双龙，龙身蜷曲缠绕，两端分别雕刻两条小龙，整个笭床共雕六条龙，雕工非常精良。雕刻几何形纹的笭床，发现于武汉江陵雨台山战国墓。几何形纹笭床所用透雕和半透雕的几何图形有十字形、L形、T字形纹样。雕刻三角形纹笭床出土于江陵李家台战国墓。

第三节　秦汉时期：床榻成为室内的主要陈设

公元前221年，秦始皇消灭六国，建立起我国历史上首个中央集权的封建君主专制国家——秦朝。为了巩固统治，秦始皇采取了一系列改革措施，使政治、经济、文化皆达到了一个全新的高度。这一时期是我国传统家具风格的奠基阶段。其后的汉朝继续维持大一统的局面，统治者采取休养生息、与民休息等政策，使社会经济获得很大发展，手工业也格外发达，到了汉武帝时，我国封建社会步入历史上第一个繁荣兴盛时期。整个汉代家具相比以往有了长足发展，不仅门类齐全，还涌现出很多新的品种，形成了较为完整的供席地起居生活的家具系列。

在当时的诸多家具中，床榻是人们使用最多的品类之一。从出土的石刻画像和彩绘壁画中可以看到，这一时期的床主要是木制，使用范围十分广泛，类型也比较丰富，有屏床、帐床、胡床、榻等。

一、床——日常起居的中心

秦汉时期，人们生活的习俗仍然是席地而坐，但是床和榻已经得到了广泛应用，在人们的生活中占据着重要地位。慢慢地，以床榻为中心的生活起居方式逐渐代替了先秦时期以席为中心的生活习俗。

汉代的床体比较宽大，使用范围十分广泛，既可以用作卧具，也可以充当坐具。人们在日常生活中的各项活动，如会客、宴饮、读书、游戏、睡眠、朝会、办公等，都是在床上进行的。

当时的床主要是木制，《太平御览》引《后汉书》载："羊茂为东郡太守，夏日坐一榆木板床。"当然也有石床，如河北望都二号东汉墓曾出土过一件石床，长159厘米，宽100厘米，高18厘米，床身为一长方形石板。

在秦汉时期，贵族阶级使用的床十分讲究，常常与帐幔、屏风等家具配合使用。

当时的帐幔根据位置、性质和作用的不同，分为帐、幔、帷、幄、幕等形式。许慎《说文解字·帷幕》中说："在旁曰帷；在上曰幕；幄，大帐也；幔，幕也；帱，单帐也。"《汉书·王莽传》中说："未央宫置酒，内者令为傅太后张幄。"记载了在宫殿设宴时于坐床上张幄的情形。此外，我们也可以从一些汉代画像砖、画像石和陵墓出土的文物中，了解到当时带帐床的样式和风格。河南郑州新密打虎亭二号东汉墓壁画《宴饮百戏图》上描绘了一顶红地黑花、庑殿顶式大幄，幄背面插有四面旗帜，墓主人坐在幄内的床上,床前摆着曲足案,上面放满杯盘等食具,幄外宾客分两列跽坐在席上,边宴饮边观看中间的百戏表演。《汉书·王莽传》中记载的幄,或许和《宴饮百戏图》中的幄相近。可见,秦汉时期已经开始在床上张设帐幕,夏天设蚊帐以避蚊蝇,冬天施幔帐来避寒。

打虎亭二号东汉墓壁画《宴饮百戏图》上的带幄大床

设屏风的床称为屏床。屏大床是屏床的常见形式,通常是在床的背后树立较高的屏风,屏风上装饰精美的花边纹饰,屏风中央部位饰有别致的图案。屏大床在山东安丘董家庄汉画像石墓、河南郑州新密打虎亭一号汉画像石墓、河南洛阳朱村汉壁画墓和辽宁辽阳汉魏壁画墓等处都有发现。其中,安丘董家庄汉画像石中的大床形象尤为精美,其高度略高于榻,两足之间雕有曲线形牙板，床上坐着两个人物，形象刻画十分生动，就像真人一样。

西汉时，从印度传入榻（tà）。榻即榻登，设立在床前，方便人们上下床。由此可见，当时床的高度有所增加，开始朝着高床方向发展。《益都耆旧传》记载："刺史每自坐高床，为从事设单席于地。"

汉代时，"床"指代的内容十分广泛。除了卧具和坐具称为床，其他用具也常常用"床"来称呼，如居床、册床、欹床、梳洗床、火炉床等。甚至有人将所骑的马也叫作床，称为"肉胡床"。西汉后期，出现了"榻"，这是一种狭长而低矮的床形坐具。现在，人们习惯将"床榻"并称。

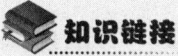

屏　风

屏风是一种用来挡风或起遮蔽作用的家具，历来是我国室内的主要器具之一。屏风出现在商周时期，当时称为"邸"或"扆"，也写为"依"，就是设在户牖之间的屏风。古书上提到的"黼扆""斧扆""斧依"，指的都是屏风，不过这是帝王专用的，因上面有斧形花纹而得名。屏风只有贵族阶级才能使用，是地位和权势的象征。"屏风"一词最早见于春秋战国时期，《史记·孟尝君列传》载："孟尝君待客坐语，而屏风后常有侍史，主记君所与客语。"

汉代时，屏风的使用十分普遍，有钱有地位的人家都设有屏风。屏风一般以木板上漆，加以彩绘。纸张发明以后，大多改为纸糊，上绘各种仙人异兽等图像。这种屏往往由多扇组成，每扇之间用钮连接，可以折叠，十分方便，人称曲屏。四扇的称为四曲，六扇的称为六曲。此外，还有多扇拼合的通景屏风。汉代屏风多与床榻结合使用，名为"扆"。扆都比较低矮，平面为曲尺状，用长的一边屏障在床榻后，折过来的短边屏障在床的左侧或右侧，而屏板依然是挺直树立的。有的在床榻后面和左右两侧都围上一扇屏风。至于南北朝时期的多扇折叠屏风，在汉代时似乎尚未出现。

二、榻的兴起和普及

在我国古代家具发展史上，榻的出现是一大突破。榻是什么时候产生的，现在已经无法得知。不过可以确定的是，榻是由商周时期的匡床演变而来，发展到汉代时已经十分流行。榻的出现和家具的发展进步分不开。战国时期，席子虽是一种主要家具，但有着不可忽视的"缺陷"。席子往往由竹、木、草等普通材料编制而成，材料的常见性决定了席子的局限性，使其不能更好地显示出统治阶级的高贵来。与此同时，几、案等家具逐渐朝着高、大、宽方向发展，与低矮的席越来越不适应。至于床，虽然可以供人们坐卧休息，但它还是睡眠的主要用具，私密性较强，并不适宜陈设在宴享、会客等对礼仪要求较高的高雅的正式的场合，而且床的形体比较笨重，移动起来很不方便。正是在这样的条件下，伴随着传统礼制的破坏和社会生活的发展，比床小、比席高的榻应运而生了。

汉代以前,床有两层含义,一是指坐具,二是指卧具。榻则专指坐具。《释名·释床帐》中说:"人所坐卧曰床。床,装也,所以自装载也。长狭而卑曰榻,言其榻然近地也。小者曰独坐,主人无二,独所坐也。"《通俗文》记载:"三尺五曰榻,独坐曰枰,八尺曰床。"根据现在的度量标准计算,榻的长度约为84厘米。

考古发掘为我们了解榻的形象提供了丰富的资料。画像石、画像砖和墓葬壁画上都绘有榻的形象,如徐州茅村汉画像石和铜山洪楼村汉画像石上的独坐榻,河北望都汉墓壁画上主记史和主薄所坐的榻。汉代以后,随着"榻"的普及,"床"渐渐成为专门的卧具,供人睡觉使用,而"榻"则成为待客和供人休息所用坐具的特定名称了。

榻在汉魏时期广为流行,是当时人们起居生活的中心内容。从现在的考古发掘来看,汉代画像中的榻主要有两种类型。

一种是有屏坐榻。这类榻是屏风与榻的结合体,上面设帐,帐沿有坠饰,富丽典雅。有屏坐榻的造型与床十分相似,只是形体比床小些,使用起来也更方便。有屏坐榻的形象在不少墓壁画和画像石上都有发现,如河北安平逯家庄东汉壁画墓中的坐榻形象、山东诸城汉墓画像石上的坐榻形象,两榻的样式相当接近,都是三面围屏的"独坐榻"形式,屏风中扇树立在榻后面,其他两扇围在榻两侧。

另一种是无屏床榻。这一类床榻形式多样,是汉代画像中数目最多的。长的榻能够容纳多人,短的榻只能坐一人。形体较小、平面为方形的榻称为"枰"。枰属于独坐式小榻，有板质的也有石质的。枰上只能坐一人，所坐之人往往身份比较尊贵，可见当时对榻的使用带有明显的等级观念。枰的形象见于墓葬之中。如辽宁辽阳棒台子汉墓壁画中的独坐榻，四腿皆有托角牙子，不仅可以起到装饰的作用，而且可以使榻腿更加稳固。在河北望都一号东汉墓壁画中可以看到独坐板枰的人物画像，板枰素面无饰。河北定州八角廊西汉刘修墓和邢台北陈村西汉刘迁墓中曾发掘出土石质的枰，并且刘修墓中的石枰还装有铜足。

除独坐榻外，还有合榻，即两人坐的榻。合榻的形象见于1972年在河南灵宝张湾汉墓出土的六博陶俑。六博是汉代时盛行的一种棋类活动，因博具中有六根箸，双方各有六枚棋子而得名。六博陶俑清晰地展现了当时人们下棋的场景。此俑长28厘米，宽19厘米，通高24.2厘米，放置在合榻之上。合榻的中央摆放着一个方形盘，盘的半边放着6根长条形箸，另外半边放着博局（即棋盘）。《三国志·鲁肃传》记载：周瑜把鲁肃推荐给孙权，孙权立即召见了鲁肃，和他相谈甚欢。群臣都下朝回家了，鲁肃也跟着离开，孙权觉得和鲁肃聊得比较好，就把他单独叫了回来，让他跟自己坐在一张榻上喝酒。显然，合榻的形体比较大。至于南北朝时流行的供多数人共坐的连榻，这时似乎还没有出现。

床、榻、枰上都要铺设席子，为了防止就坐和起身时卷折席角，人们一般都在席的四角压上镇。从西周到汉代，贵族墓中常常把镇作为随葬品。镇主要由铜制成，也有石制和铁制的。其高度为7~8厘米，底径为6~9厘米。为了避免牵绊衣物，往往将

■ 第一章 源远流长：床的起源和发展

河南灵宝张湾汉墓出土的六博陶俑，两俑坐在合榻上

镇做成蟠伏的姿势。铜镇多数做成动物的形状，如虎、豹、熊、鹿、羊、龟、蛇等，上面或者鎏金，或者错金银，有的则镶嵌贝壳。每四件铜镇为一组。例如，山西大同阳高县古城堡十二号汉墓曾在漆枰四角发现四件铜镇，十七号汉墓在石枰四角发现有四件铜镇。有的铜镇重量很大，如河北保定满城二号汉墓出土的嵌宝石错金银豹形镇，内里灌铅，身上错出梅花状斑点，眼睛由白玛瑙制成，显得炯炯有神，又有红颜料装饰，因而眼睛呈红色，造型生动逼真。《楚辞·九歌》中提到了一种白玉材质的镇，可惜尚未发现实物，现在只在广西贺州西汉墓和贵州兴义万屯东汉墓发现过石镇。

榻是家具功能进一步分化的产物，它的产生体现了坐具向专用型、高档型发展的特点。人们在使用榻的不同历史阶段，形成了不少礼仪制度。榻最晚出现在秦朝，在汉魏六朝时达到鼎盛，

满城二号汉墓出土的嵌宝石错金银豹形铜镇

是当时组合家具的主要内容。隋唐时期,榻开始走向衰落,到了宋元明清时虽然依旧在使用,但是其地位和功用已经被床和椅、凳等高型坐具取代,不再是核心家具。近代以后,榻逐渐退出历史舞台,最终消失在人们的视线之中。

第四节 魏晋南北朝:床榻的发展变革

魏晋南北朝时期是我国历史上前所未有的大动荡、大分裂时期。连年的战乱和政权的不断更迭,给社会经济和传统礼制带来了极大破坏。一波又一波的移民浪潮,促使不同地区不同民族间相互融合。这一时期也是中外交流互动的高峰期,佛教在这时传入中国,并得到充分发展。这一切都对当时的思想、文化乃至生活习惯产生了重大影响,也使坐卧具的样式和形制发生了变化。

魏晋南北朝的坐卧具仍以床榻为主,床榻形式主要有架子床、壸门床等。与前朝相比,这时床榻明显变高,床体很大,

第一章 源远流长：床的起源和发展

使人们能够垂足而坐。常见的坐具还有胡床、绳床，虽然名为"床"，但它们其实是板凳和椅子。

一、架子床

魏晋南北朝时期，人们仍然习惯席地而坐，不过床的应用也很广泛。在宫室、衙署、家居的正式场合，都要在室内主要位置摆设大床，让身份地位比较尊贵的人坐在床上。

从顾恺之的《女史箴图》等绘画作品和诸多石刻中，我们可以看到，当时的床主要是围屏架子床。这种床的足座比较高，形制属于"壸门托泥式"，就是在床足间做出壸（kǔn）门（一种装饰性镂空图形门）洞，下施托泥（承接腿足的部件）。围屏架子床上设有12扇大小相同的屏板合围而成的屏，屏板可以自由开合，十分方便。床帐和床体融为一体，帐架直接插在床座上。有的床前还设有长几。

顾恺之《女史箴图》中的围屏架子床（左侧）

在当时的一些文学作品中，也可以看到关于架子床的记载。如《世说新语·雅量》中有这样一个故事：侍中许璪和司空顾和一起在丞相王导手下做事，并且都得到了王导的赏识和信任。两人经常一起游戏、宴饮。有一天晚上，两人去王导家玩。玩得困乏了，王导便让他们到自己的床上睡眠。顾和直到天亮也没有睡着，而许璪上床后便鼾声如雷。王导于是对其他客人说："这里也是难得的睡眠之处。"《世说新语·言语》记载：刘真长任丹阳尹时，有一次，许玄度前往京都，在刘真长那里就宿，见"床帷新丽，饮食丰甘"，十分羡慕。《世说新语·宠礼》中写道：卞范之做丹阳尹时，羊孚从姑孰暂时回京，前往卞范之的住处看望他，说："下官疾病发作，不能坐。"卞范之于是拉开床帐，把褥子掸干净，让羊孚躺卧。羊孚径直上大床，盖上被子，靠着枕头。

从上述几个例子来看，虽然没有点明是架子床，但是床上既然能挂帐，则床上必然有架子，说明架子床在当时已经十分常见。

魏晋南北朝时期的架子床形象也常常见于墓葬，在墓室正壁上常常绘有墓主的正面坐床画像，模拟其生前情景。如山西大同沙岭北魏墓正壁壁画上就有描绘墓主夫妇共坐的大床。根据墓中残留的漆器铭文，可知此墓大约葬于太延元年（435年）。山西太原北齐徐显秀墓墓室正壁壁画中也有墓主夫妇的坐床图像。徐显秀本名徐颖，曾任司空、太尉等职。武平二年（571年），徐显秀病逝。他的墓葬中有目前国内保存最完好的北齐时代的壁画。壁画上所绘大床为黑褐色，床下前沿设三足，足与足之间有壸门，床面上侧后置屏风。墓主夫妇正坐在床上，两人之间堆放着各种食物和食具，足见床的宽大。床的上方还有一大型覆斗顶帐。

■ 第一章 源远流长：床的起源和发展

北齐徐显秀墓壁画中的带屏大床

除了壁画上绘有墓主夫妇坐床之外，在嵌入墓壁的画像砖和石棺上的图像中，也可以见到大床的形象。如在河南邓州出土的画像砖中，有一幅老莱子娱亲图像，画面中，老莱子的父母同坐在一张四足大床上，床足之间设有壶门，床上张帐。又如河南洛阳出土的北魏孝子画像石棺，棺上刻有古代孝子的行孝事迹，其中，郭巨夫妇欲埋儿而得金后，回家侍奉老母，郭母就坐在四足大床上。通过这些图像，可以想见当时家庭中大床的使用是很普遍的。

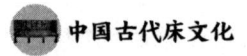

知识链接

枕 头

枕头是人们睡觉时用来搁置头部的器物。枕头的类型多种多样，常见的有木枕、瓷枕、药枕等。

木枕根据木质的不同，分为柏枕、楠榴枕等。木枕是方的，安稳不移。但偏偏有人用易于滚动的圆木做枕头。唐末五代时，武肃王钱镠在行军时以圆木为枕，刚刚睡熟，枕头一滚动，立刻便惊醒，时刻保持警惕，名曰警枕。宋代司马光怕睡太久耽误了读书，也用过这种枕头。

瓷枕即瓷质的枕头，枕面上施青釉，并绘精美的图案，或题诗句。这种枕头从隋唐时期开始烧制，宋代时十分流行。其造型多样，有长方形、六角形、八方形、花瓣形、椭圆形等，也有烧制成婴孩、龙虎形的。

药枕就是用药物充当枕芯的枕头。它是我国人民几千年生活、养生经验的结晶，能起到祛病延年的作用。比如有一种菊花枕，是把干枯的菊花用作枕芯，人枕这种枕头休息睡眠，可以明目。宋人林亦之使用药枕之后获有奇效，写诗赞曰："乃知妙物通群仙，一切药裹应弃捐。"

除了上面所说的木枕、瓷枕、药枕外，还有一些华贵的枕头，如金枕、碧玉枕、琥珀枕、翡翠枕、水晶枕、夜明枕、珊瑚枕等，是卧室内别有情致的摆设。

二、榻

魏晋南北朝时期,除了广泛使用大床作为坐卧具外,榻也十分流行。

从目前出土的实物和一些绘画作品、画像石、石窟造像等图像资料来看,当时的榻主要有四种类型。

一是架帐小型坐榻。这类榻在河南邓州画像砖和山西太原天龙山北魏石窟造像中均有发现。河南邓州画像砖中的坐榻呈多面体,榻下设有壸门和托泥,榻上架有尖顶榻帐,称为"斗帐"。山西太原天龙山石窟造像中的榻略呈正方体,榻足比较高,没有托泥,榻上架有平顶榻帐,称为"承尘"。这两种坐榻都不带屏风。

二是不设帐独坐式小榻。这类榻在造型上带有鲜明的时代特色,榻下常常设置壸门托泥座,或者有壸门而无托泥,榻足下部与上部对称内弧。有的榻设有三面围屏。东晋顾恺之《洛神赋图》中描绘的独坐榻就属于这一类。

顾恺之《洛神赋图》中的独坐式小榻

三是大型带帐六足或七足床榻。六足床榻出现在陵墓壁画和石窟壁画中。榻前设三足,榻后三足自然隐去。榻前三足中,位于中部的一足粗壮,两侧脚呈弧形外张;边侧的两只足外肩比较明显,边部较直,内缘向内弧出,同中部的足形成对称的两个壸门洞,洞上沿有的雕出券门牙子。七足床榻以山东嘉祥英山一号隋墓壁画《徐侍郎夫妇宴享行乐图》中的床榻形象最为典型。徐侍郎即徐敏行,曾任职于梁、北齐、北周和隋四朝。开皇四年(584年),徐敏行逝世。在其陵墓中出土有大量精美壁画,其中一幅描绘徐敏行夫妇端坐在一张大榻上饮酒观舞。从图像中可以看到,两人所坐的榻设有屏、帐,榻座很高,榻面厚重,榻足之间挖有壸门洞。在两人的身前设有几案,而徐夫人背后还依有隐囊。整个画面采用透视手法,榻体的结构清晰可见,显示出高超的绘画水平。

四是大型板榻。如杨子华《北齐校书图》中的大型板榻,榻体厚重宽大,可供多人坐卧,而且床足较高,设有壸门和托泥。这种大型壸门托泥式床榻在唐代以后比较流行,尤其受到佛教僧侣和文人雅士的喜爱。

杨子华《北齐校书图》中的大型板榻

托 泥

椅凳、床榻、桌案等家具的腿足之下常常加有木框或者垫木，不让腿足直接落地，以免受潮腐朽，这种木框或者垫木就是托泥。托泥也起到稳定腿足的作用。托泥下方还有一种名为"龟足"的小构件，因尽端略向外撇，形似海龟的脚而得名。托泥的雏形在周代时就已经出现了。周代有一种用来放置祭品的器物——俎，其腿足底部不直接落在地上，而是由横木承托，这种横木就是最早的托泥形态。托泥的形式通常根据家具板面的形状而定，有方形、圆形、六角形和八角形等形式，大多不雕刻花纹。

三、胡 床

胡床是汉人对从胡人之地传入的风格不同于汉地的坐具的一种称谓。"胡"指的是当时北方和西方的少数民族。胡风自东汉以来广为流行，胡人的器具、食品、服饰等普遍受到汉人欢迎。东汉应劭《风俗通义》记载："汉灵帝好胡服，景师作胡床，此盖其始也。"

胡床有广义和狭义之分。广义上的胡床是指胡风垂足坐高足床，与汉人传统跪坐低足床不同，其特殊之处在于腿足高大，可以让人下垂双腿，双足着地；狭义上的胡床则有形式上的特指。

胡床的形制完全不同于普通床榻，它主要由8根横木组成，上部的两根横木用棕绳穿起来供人坐下，与现在的马扎相似。胡床可以自由折叠，携带很方便，与少数民族游牧生活相适应。

胡床传入中原后，由于汉灵帝喜好胡床，一开始主要在宫廷使用。后来受皇帝影响，京城贵族也竞相使用胡床，胡床开始流行起来。在魏晋南北朝时期，胡床的使用达到鼎盛，几乎在社会生活的各种场合都能看到它的身影。胡床可以临时随便陈设，在室内、庭院和楼上作为常用坐具，也可以放在车上和船上，人们外出步行或者参加狩猎、竞射等活动也随身携带，不用的时候则将其随手挂在屋壁或柱子上。

随着胡床在中原地区的传播和普及，胡床的名字在文献记载中出现的次数越来越多，一些文人的笔记、诗词、文集、小说等作品中也常常可以看到关于胡床的描述。

《三国志·魏书·武帝纪》注引《曹瞒传》曾记载了这样一件事："公将过河，前队适渡，超等奄至，公犹坐胡床不起。张郃等见事急，共引公入船。"公元211年，曹操带兵和马超作战，将要渡河时，突然遭到马超的袭击。曹操还没有从胡床上站起来，张郃等部将见事情紧急，就一起把曹操抬到了船上，得以脱险。

《世说新语·简傲》记载：东晋时谢安和弟弟谢万从会稽乘船前往建康，途经吴郡时，谢万提议一起去拜访吴郡太守王恬。谢安说恐怕王恬不会接待他们，坚持不肯去，谢万只好独自前往。王恬陪谢万坐了一会儿，就走进了内室，谢万感到很高兴，以为他要厚待自己。结果等了很久，王恬披散着刚刚洗完的头发出来，坐在胡床上，在中庭晒头，神色傲慢，一点儿也没有招待之意。谢万只好告辞，返回到住处。还没有回到船上，谢万就大

第一章　源远流长：床的起源和发展

声地呼喊谢安，说："阿螭（王恬的小字）不欢迎我们。"

南朝梁时庾肩吾《咏胡床应教》一诗中写道："传名乃外域，入用信中京。足欹形已正，文斜体自平。临堂对远客，命旅誓初征。何如淄馆下，淹留奉盛明。"指出"胡床"一名来自域外，并描述了胡床形体的主要特点——足交叉斜置。诗中还提到胡床常常用于军旅之中。隋炀帝时忌用"胡"字，便将"胡床"改名为"交床"。胡三省注引《演繁露》说："交床以木交午为足，足前后皆施横木，平其底，使错之地而安。足之上端，其前后亦施横木而平其上，横木列窍以穿绳绦，使之可坐。足交午处复为圆穿，贯之以铁。敛之可挟，放之可坐；以其足交，故曰交床。"

胡床的形象在一些石刻像、绘画作品中也可以看到。如在河南东魏石刻佛像中，有一似菩萨坐于胡床上的形象，胡床的足斜向相交，足端的横木清晰可见。在杨子华的《北齐校书图》中有一单人胡床，上面坐一右手执笔的人物形象，胡床的足斜向交叉。除了单人胡床，还有一种双人胡床。这可以在敦煌257窟壁画中看到。人物并排坐在双人胡床上，胡床的坐面长度与长凳一样，但是腿足为折叠式，和单人胡床的结构相同。双人胡床在后世并不多见。

《北齐校书图》中乘坐胡床的形象

根据上述文献记载和图像资料，说胡床形似现在的轻便折叠凳（即马扎）是没有异议的。但是需要指出的是，这种足斜向交叉且可以自由折叠的形式只是胡床的最初形态和基本特征。随着时代的变化和社会的发展，大约到唐代时，胡床的形制发生了改变。宋陶谷《清异录》记载："胡床施转关以交足，穿便绦以容坐，转缩须臾，重不数斤。相传明皇行幸颇多，从臣或待诏野顿，扈驾登山，不能跂立，欲息则无以寄身，遂创意如此，当时称逍遥座。"关于这段材料有两种解释：第一种是唐明皇时创意制作了胡床，时称逍遥座。这一解释并不符合史实，陶谷不会这般浅薄。而且，陶谷在一开始就提到了"胡床"，可见他是知道胡床的。第二种是唐明皇在位时在原来的基础上对胡床进行了改进，这种改进后的胡床名为"逍遥座"。第二种解释比较符合实际情况。至于怎么对胡床进行了改进，陶谷并没有在文中提及。有人认为逍遥座极有可能就是带靠背的胡床。

胡床在魏晋南北朝时期广为流行，是民族大融合的体现和结果。胡床垂足而坐的姿态虽然与汉人传统的席坐姿态相背离，但它的出现适应了时代文化的需要，也满足了人们的日常生活需求。因此，它能够流传下来，并受到世人的喜爱。

古人坐姿的变化

坐姿是随着坐具的发展不断演变的。坐具发明以前，没有席地跪坐或垂足坐的姿势，人们都是蹲踞和箕踞。蹲踞即两膝弯曲,臀部向下而不着地;箕踞指以臀部坐地,两腿张开向前平伸,形状像箕。后来产生了席、床等坐卧具,便形成了跪坐、盘膝坐等坐姿。周代以后秦代以前,人们将跪坐、盘膝坐视为符合礼仪的坐姿,蹲踞、箕踞则被看作无理的表现。古人采用跪坐的方式,主要归结于当时人们穿着的服装样式。古人的服装基本上是上衣下裳和深衣制。裳像一条围裙,裳内穿胫衣,胫衣类似现在的开裆裤。上衣下裳虽然可以蔽体,但是在行动中稍不小心,就会使裳散开而露出下体,因而古人跪坐都很规矩。秦汉时期,垂足坐的姿势开始出现,但是还很稀少。到了魏晋时,垂足坐开始增多并逐渐普及。宋代以后,垂足而坐成为人们起居的主要形式和习惯。

四、绳 床

绳床是一种座面和靠背用绳穿织的高足扶手椅,魏晋初期主要是佛教僧侣的用品,后来随着佛教的广泛传播,渐渐在整个社会普及。

"绳床"一词出现在文献中大概是在东晋十六国时期。《晋书·艺术·佛图澄传》中记载:"(佛图澄)乃与弟子法首等数人至故泉源上,坐绳床,烧安息香,咒愿数百言。"绳床是供僧人在静坐时使用的。《高僧传·神异下·晋襄阳竺法慧》卷十记述:"晋康帝建元元年(343年),至襄阳止羊叔子寺。不受别请,每乞食,辄赍绳床自随,于闲旷之路,则施之而坐。时或遇雨,以油帔自覆,雨止唯见绳床,不知慧所在,讯问未息,慧已在床。"通过这一材料可知,绳床是僧人日常生活不可缺少的用具,僧人不管吃饭还是打坐，都是在绳床上进行的。

绳床的形制在一些文献中有着清晰的描述。李白《草歌书行》中说："吾师醉后倚绳床，须臾扫尽数千张。"说明绳床有靠背供人倚靠。《太平广记·异僧九·洪禅师》记载："四人乘马，人持绳床一足。"可见绳床有四足，不易折叠。程大昌《演繁露》中说："绳床以板为之，人坐其上，其广前可容膝，后有靠背，左右有托手，可以搁臂，其下四足著地。"可知绳床和直扶手靠背椅的形状相似。绳床也见于一些图像资料。在敦煌莫高窟西魏开凿的第285窟壁画中有一绳床的形象，绳床位于山林的草庐之中，形体清晰，共有四足，后有高靠背，两侧设扶手，上面静坐着一位禅修人像。图中的这张绳床，是迄今为止所知的最早的椅子图像，说明最晚在北朝晚期就已经出现了绳床。

南北朝时期，绳床开始出现在一些习禅的上层贵族宅邸。唐代以后，随着垂足而坐生活方式在社会上的进一步普及，绳床本有的宗教意味逐渐减弱，最终成为社会各阶级日常生活中的常用坐具。

清代画家丁观鹏《萧翼赚兰亭图》中描绘的晋代绳床形象

第五节 隋唐五代：床榻的流行

　　隋朝统一了中国，结束了汉末以来400多年的战乱纷争局面，但是隋朝没能让自己长久地延续下去。隋朝国祚仅仅维持了37年，在这短暂的时间里，家具方面没有留下太多东西，也没有形成显著的特点。唐朝家具则具有鲜明的风格。唐朝时，国家统一、社会稳定、经济繁荣，先后出现了"贞观之治""开元盛世"两个盛世局面。经济的繁荣、社会的安定，带动文化艺术走向兴盛，并促进家具产业获得空前的发展。这时的家具阵容初具规模，家具向成套化发展，类型增多，风格浑圆华丽、宽大厚重。从出土的墓葬壁画和传世绘画，同时结合相关文献，可以知道唐代的家具主要分为坐卧类、凭依类、承物类、贮藏类、架具类等。其中，坐卧类以床、榻为主，壸门结构是床、榻的主要特征。五代时期，床榻类型基本没有大的突破，不过风格有所变化。与唐朝家具相比，这时的家具轻便、秀直，装饰趋于朴素无华，不追求富丽的花饰。从《韩熙载夜宴图》等绘画作品中，可以看到当时的床、榻等家具式样大都简洁素雅。

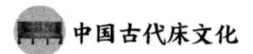 中国古代床文化

一、卧具床

在隋唐五代的家具中,"床"是最特殊的一类。换而言之,就是床的概念变得十分宽泛,只要是上有面板、下有腿足者,不管是坐人、睡卧还是放置物品,都可以称为"床"。

李白《静夜思》中说:"床前明月光,疑是地上霜。举头望明月,低头思故乡。"这里的"床"就是指榻床类坐具。

唐朝建立以后,人们的起居活动中心与习俗并没有太大改变,同前代一样,床榻依然是家居生活的核心。在唐代中期椅子产生之前,与席地而坐生活方式相适应的传统坐具仍是席、床、榻。榻基本上没有围栏,因而也叫作"四面床",这一坐具是初唐时期最主要的坐具。在唐代,虽然社会上已经出现了可以垂足而坐的胡床、绳床等坐具,但是垂足而坐的方式并未得到世人的认可。南宋陆游《老学庵笔记》中写道:"往时士大夫家,妇女坐椅子、兀子,则人皆讥笑其无法度。"可见在宋代之前,坐胡床在人们眼中并不符合社会礼仪。唐朝前期,士大夫阶层仍然流行席地而坐。关于这一坐姿,我们可以从邻国日本的历史中找到佐证。日本在唐朝前中期,因为羡慕中国先进灿烂的文化,曾多次派遣使者或留学生到中国学习典章制度和社会习俗等文化,为己所用。日本人习惯席地跪坐,其实就是受到了唐朝文化的影响,由此也可以推想唐人的坐姿。唐代中期以后,垂足而坐的方式才在贵族阶层流行起来。唐代之前,人们待客、饮酒一般在床榻上进行。李白《静夜思》中提到的床依然是当时流行的一种坐具,主要是一种榻床,不是睡床,这种榻床可以随意放在居所的前厅

或者窗户旁边。按照这一说法来解释《静夜思》，我们很快就能正确地理解诗歌的内容了。而后世之所以对《静夜思》产生误解，是因为家具的作用、含义等发生了很大变化。南宋之后，床不再作为坐具，完全成为卧具，放置在内室，不再靠近窗户，难以看到月光，因而导致很多读书人无法读懂《静夜思》，不仅将诗中的"床"理解为睡床，甚至将"床前"之语改写为"窗前"。

接下来我们要讲述的床是指卧具床，不包括榻。

唐代关于床的记载比较丰富，说明了床在当时使用广泛。

唐代床的长度和高度较前代有所增加。姚能《安禄山事迹》记载，唐玄宗曾赏赐安禄山两张白檀香床，两张贴文（花纹）牙床，前者"各长一丈阔六尺"，后者"各长一丈阔三尺"，换算成现在的尺寸，就是白檀香床长约3米、宽约1.8米，贴文牙床长约3米、宽约0.9米。

唐代床的形制跟榻相似，有壶门结构的床，也有四足式床。2018年在河北临西出土了一件精美的砖雕壶门床，这是唐代中期床的模型。床面为长方形，长2.8米，宽0.5米，高0.45米。床面相邻的两个短侧面分别设有一个壶门，相邻的两个长侧面分别设有6个壶门。

唐代的四足式床，高度和壶门床相同，都较前代有所增高，如敦煌莫高窟初唐第321窟南壁画猎户图中的四足床。值得注意的是，该壁画中的床表现出唐人居室内部的布设情形，床位于后壁正中，这或许可以说明唐代室内的床开始有比较固定的陈设位置，通常摆放在后壁正中处。此外引人注目的是，床上所坐之人的坐姿不再是传统的跪坐或者盘坐，而是变成了在大床前沿侧身垂足坐的姿势。这也证实了现实社会人们坐姿的发展变化。

有些学者把四足式床称为"案形结体床"。所谓案形结体，指床的四足不在四角，而在缩进一些的位置。案形结体床的典型形象是日本正仓院收藏的御床，床的四周攒边，有两个带，四条腿相交在带上，床上设有吊头，床可陈设在户外。这种床在敦煌莫高窟中也可以看到，如晚唐第14窟北壁壁画和第138窟壁画中的四足式床形象。

五代时期的床形象可以在南唐顾宏中的《韩熙载夜宴图》中看到。《韩熙载夜宴图》描绘了两张大型床榻。其中一床形体很大，坐五个人仍绰绰有余。两张床的形制基本相似，两侧和背部都安装较高的围板，正面两端分别安装一个独板扶手，中间留门供人上下。画面中，床榻的一侧还绘有专门用来睡觉的卧床。五代以前，坐榻基本上不带围子，只有睡床多带围子。《韩熙载夜宴图》中所描画的床具和坐具。

《韩熙载夜宴图》中的床榻（一）

■ 第一章　源远流长：床的起源和发展

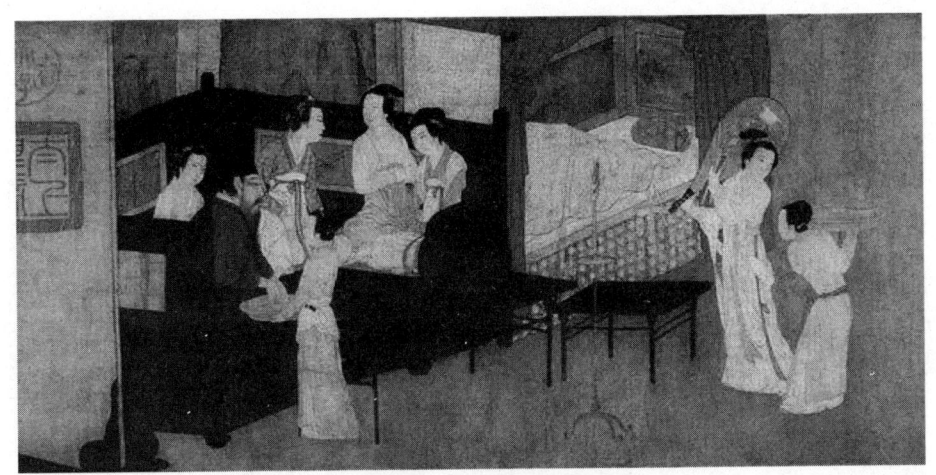

《韩熙载夜宴图》中的床榻（二）

总的来说，隋唐五代时期的床由于受到高型家具演变和坐姿习惯改变的影响，相比于前代有所增高和增大。特别是在唐朝中期以后，床的高度基本上达到了人的小腿高度，后世床的高度与此相似，相差不大。此外，通过流传下来的图像资料，我们可以看到当时人们在床榻上的坐姿是多样化的，既有盘足而坐、侧身斜坐，也有伸足平坐、垂足而坐。

知识链接

椅子为"床"

在唐朝的一些典籍和诗歌作品中，常常将椅子称作床。如诗人杜甫在《少年行》中写道："马上谁家白面郎，临阶下马坐人床。不通姓名粗豪甚，指点银瓶索酒尝。"诗中描绘了一个野蛮无礼的贵族子弟形象，他骑着马走在街上，到了一户人家的台阶前，就下马走进屋里，嚣张地坐在厅堂的椅子

上，索取酒喝。这里所说的床，虽然不能确定是不是带有靠背的椅子，但绝对不是睡床。又如李白在七言绝句《口号吴王美人半醉》中，明确地把可以倚靠的椅子称为床："风动荷花水殿香，姑苏台上宴吴王。西施醉舞娇无力，笑倚东窗白玉床。"这里的"笑倚东窗白玉床"，是说西施般的美人醉舞之后娇柔无力，笑着倚坐在东窗下嵌有白色玉石的椅子上。

五代时期，随着椅子的使用渐渐普及，椅子及其名称才最终从床的范畴中分离出来，成为独立的家具类别。

二、榻　床

隋唐时期，榻的样式与前代相比并无太大差别，也主要包括两大类，即壶门结构的榻和四足式榻。但是这一时期榻的高度有所增加，尤其是壶门结构的榻表现得比较明显。

1. 壶门结构的榻

"壶门"原本是指宫中的门。壶门成为家具的一种结构形制，最早源于晋代。唐朝时，壶门得到进一步发展。这种结构遒劲古朴，曲直相济，不仅起到了装饰效果，增加了家具的装饰美，而且加强了家具的刚度和防潮性能，成为唐朝家具的重要特征。

壶门结构的榻在唐代十分流行。从墓葬出土的文物中，我们可以看到这种榻的样式。1973年，在陕西富平唐虢王李凤墓发现了两个三彩釉陶榻，它们反映的是唐朝初年榻的形象。其中一件陶榻为齐沿，结构完整，前后两侧分别有两个壶门，两端各有一

■ 第一章　源远流长：床的起源和发展

个壶门。另一件陶榻已经破损，但通过榻面残片标本，可以发现其三面原设有屏风，榻沿设有壶门。

在一些传世画作中，也可以看到壶门结构的榻，如唐代阎立本《历代帝王图》中就绘有壶门独坐小榻。这类壶门榻的座面下通常带有冰牙沿和壶门结构相结合。

阎立本《历代帝王图》中的壶门独坐小榻

壶门结构的榻也见于一些佛教壁画。如在莫高窟初唐第203窟西壁龛北侧壁画上绘有一独坐榻形象，文殊菩萨跪坐在榻上。这张榻的正面和背面各有两个壶门，左侧和右侧各有三个壶门，腿足包括托泥的高度约有画中人头一般高。盛唐第14窟南壁闻法欢喜图中有一位优婆塞坐在榻上，榻的前后左右四面都有两个壶门，榻足带有托泥，榻的高度达到人的小腿高。盛唐第172窟东壁画《观无量寿经变·未生怨》中绘有一壶门结构的方榻，榻的高度同画中人物的头一样高。中唐第159窟南壁画《法华经·法师品》中有一妇女盘坐在榻上，此榻的样式类似上面提到的盛唐第14窟中描绘的榻。晚唐第85窟南壁画《贤愚经·梵天请法六事品》中也有一壶门榻,劳度叉正坐在榻上讲授佛法,此榻的前面和后面各有两个壶门,左面和右面各有三个壶门,榻腿带有托泥,大概有人物小腿那么高。敦煌莫高窟唐代壁画中有许多壶门结构的榻,榻不是很高,初唐时大约有人头一般高,晚唐时达到了人的小腿高度,相比于两汉时期的榻有所增高。这是这一历史时期榻的一个显著特点。

壶门榻中有一种特殊的高台型榻。这种形制的榻见于中唐第159窟壁画《随喜功德品》。画面上有一高僧坐在高型榻上讲授《法华经》。榻为长方形,四面均设两个壶门,足下带有托泥,和普通壶门榻的形制大体相类,但远远高于普通壶门榻,和画中人物的坐高基本相同。这种高度的壶门榻一般只出现在僧人宣讲佛法的场合,在世俗场景中并不会看到,由此可以猜测,这是当时佛僧专用的一种坐具。而且,这种高型榻常常出现在唐代各个时期的经变画中,在唐代以前是从未见过的。

通过图像资料,可以知道唐代的榻除了用来作为佛教僧侣的坐具外,在世俗生活中主要是供贵族使用。在莫高窟晚唐第144窟东壁上的供养人像中有两张壶门榻,男女主人分别跪坐在一张榻上,身后各站着两名侍从。类似的画面也见于晚唐第9窟主室东壁的男供养人像、晚唐第12窟主室东壁的供养人像。可见,壶门榻在当时贵族中极为流行。仔细观察图像资料,可以看到唐代的榻并没有固定的使用场合,既可以在室内使用,也可以在室外使用。五代时期的榻,形体比唐代更宽大。1975年,在江苏扬州邗江蔡庄五代墓中发现了四件木榻,其中一件保持完整,另

■ 第一章 源远流长：床的起源和发展

外三件已经散架。完整的那一件木榻，长 188 厘米，宽 94 厘米，高 57 厘米，和现代单人床的尺寸十分接近。

2. 四足式榻

四足式榻在敦煌壁画中有不少描绘。在莫高窟初唐第 203 窟西壁龛北侧壁画上，文殊菩萨跪坐的壸门榻前，有一腿底端截面成"L"形局脚、不带托泥的四足式脚榻。初唐第 323 窟《迎昙延法师入朝》壁画中描绘的四足式榻形象与第 203 窟相似，腿底端也截面成"L"形局脚，未带托泥，此外，榻的高度已经在人物的小腿之上。盛唐第 23 窟顶东坡壁画《法华经变·观音普门品》

莫高窟初唐第 203 窟西壁龛北侧壁画中的壸门榻和四足式脚榻

上，有一长方形四足榻，放置在一间小屋里，榻上坐着两个人，榻有人物小腿那么高。甘肃酒泉瓜州榆林窟中唐第 25 窟北壁《弥勒经变》壁画上，绘有一长方形四足矮榻，榻上坐一僧人，榻有人物的头那么高。在晚唐第 12 窟南壁《法华经变》壁画上，可以看到一张两人坐的长方形四足矮榻，榻不如画中人物的头高。

除了佛教壁画，在当时的一些画作中也可以看到四足式榻形象。如中唐画家李真所绘《一行画像》中，僧人一行侧身坐在一张四足方榻上，榻下有鞋一双。五代画家周文矩的《重屏会棋图》，展现了不同类型的榻以及不同时代人们坐榻的习俗。画中不仅有四足式榻，也有壸门结构的榻。四个主要人物垂足坐在四足榻上，榻的一侧有一壸门床，榻后的屏风上绘有壸门榻和卧床，屏风中的人物盘腿坐在壸门榻上，这说明时代不同，人们坐的姿势已经发生改变。

第六节　宋辽金元：床榻走向成熟

公元960年，后周大将赵匡胤发动陈桥兵变，黄袍加身，建立了宋朝。宋朝分为北宋和南宋两个阶段，享国300多年。两宋时期是我国历史上又一南北对峙时期，当时的西北方有辽、金、夏等少数民族政权与宋朝对立，并屡屡爆发战争。虽然宋代饱经战乱，但却是我国历史上最繁荣的朝代之一，其经济水平高度发达，文化水平十分先进，科技发展居世界领先地位，创造的文明成果极其辉煌，达到了我国古代社会的巅峰。这一时期手工业格外发达，为坐卧具的发展奠定了物质基础。当时，高型坐卧具在社会各阶层广为流行，席地跪坐的传统起居生活方式完全退出了历史舞台，垂足而坐成为人们日常生活的主要坐姿。床榻相比前代发生了重大变化，卧具床丧失了作为坐具的功能，而专门用于卧息睡眠。床的样式以栏杆式围子床为主，榻的样式则比较丰富，有壸门榻、托泥榻、屏风榻等类型。

元代时，结束了南北分裂的局面，使社会经济和文化进入一个相对稳定的时期。这时的家具继承了宋辽金家具的特点,床榻仍带有壶门、托泥等特征。值得注意的是,这时出现了一种新的床的样式——罗汉床。

一、宋辽金卧具床

宋代的床仍然沿袭前代,"床"的含义广泛,不仅指床榻,有时凳子、椅子也被称为床。如北宋王谠《唐语林·补遗四》中说:"宰相别施一床,连上事官床,南坐于西隅,谓之压角。"又如南宋陆游《老学庵笔记》中说:"梳洗床、火炉床家家有之,今犹有高镜台,盖施床则与人面适平也。"这里提到的"别施一床""官床""梳洗床""火炉床",都不属于卧具床,而是指榻、凳之类的家具。南宋洪迈《夷坚甲志·马筒冤报》中说:"张公为桂林守,尝令曝书于檐间,简取三足木床登之。"此处的"三足木床"可能是一种三足木凳。

宋代之后,不管是在绘画作品中,还是在墓室壁画上,床的形象都不如榻那样多。这是因为在现实生活中,床主要是作为卧具供人们睡觉,隐私性比榻更强。

辽代和北宋、金代和南宋,同处于一个时期。从现已发掘的实物和墓葬壁画来看,宋代的床通常在四周设立间柱、栏杆和围板,床的形制与前代一样,有箱形壶门结构和四足式结构。相比之下,出土的辽、金家具品类齐全。辽、金分别是契丹和女真建立的政权,契丹、女真属于游牧民族,逐水草而居,但是在和汉族长期往来交流的过程中,受到汉文化的影响,它们的生活起居习惯已经有了很大改变,家具的形制也发生了变化。当时有大量汉族工匠被掳到辽、金地区，促进了当地家具生产质量的提高和生产规模的扩大，因此，从辽、金家具样式中，我们也可以看到宋代家具的特点。

就卧具床来说，辽、金栏杆式围子床比较有特色，也具有代表性。我们可以通过一些墓葬出土的实物，了解到当时卧床的具体形象。如在山西大同金代阎德源墓发现过一件围子床，床的左、右、后三面设有围栏，而且在床正面的左、右两边也有部分围栏，其宽度分别占床正面宽度的 1/3，床正面中间 1/3 的空当则供人上下。床围仿效建筑中栏杆的样式，围栏分为两层。在内蒙古翁牛特旗解放营子辽墓中也出土过一件栏杆式围子床。此床采用的是长方形底座式箱形结构。床体长 237 厘米，宽 112 厘米，通高 72 厘米，床上铺设木板，保存较为完好。床的上半部分以纵横相接的栏杆为主要结构，左右两面和背面皆装栏杆，疏密有致。左、右、后三面间柱分为上下两部分，上部分设栏杆，下部分装围板。床面和床座之间不用榫卯固定，可以随意挪动，方便陈设和搬运。正面床沿镶有 8 个壸门状的图案，内涂朱红色，看起来比较精美。镶嵌的假云板足和腰衬下边均采用曲线花饰。这种形制的床榻有着显著的缺陷，就是箱形结构的床下空间无法得到利用。

从考古发现和掌握的资料来看，宋代的床主要使用足的支撑形式，这种支撑表现形式多种多样。拿山西大同金代阎德源墓中发掘的小榻床来说，此床为四足栏杆式围子床，长 40.4 厘米，宽 25.5 厘米，高 20 厘米。整个床体包括足、围板、间柱和床板四部分。床的上半部分和下半部分之间有一圈围板，承上启下，将

第一章 源远流长：床的起源和发展

两部分连成一个整体。板状四足雕饰为如意云纹状，两侧的前后足间设有横枨，用来提高床的结构强度。

山西大同金代阎德源墓出土的小榻床

当时床的造型也反映在一些壁画上。在山西汾阳金墓壁画中绘有围子床和帐床的形象。围子床见于二号墓北壁壁画。二号墓北壁壁画上的帐床带有床围，围子分为三个界格，内饰花纹。床外设格扇门，上面有如意、菱花等装饰性图案。四号墓西壁壁画中的帐床也有床围，围子较高，亦分为三个界格，格内饰有图形。此床的床帐向两侧卷起，外侧有两条较宽的带花纹的系帐彩带，这两条彩带之间挂着一个大绣球。汾阳金墓壁画中的这两件帐床陈列在不同的居室之中，装饰精美，增加了卧具的隐私性。

两宋时期，许多富贵人家或者有地位的人都注重对床进行装饰。如邵伯温在《邵氏闻见录》中提到，宋仁宗提倡节俭，用的是"素朱漆床"。苏辙《龙川别志》中说，李允则家"床榻皆吴、越漆作"。宋代对于装饰床的某些特殊部分还有专门的称呼,比如床敷(床铺)、床垠(床边)、床锐(床棱)、床棱(床承坐面的棱角)、床裙(床边垂下来的布帘,防止床帐被弄脏)等。这些称呼在当时的诗词和史籍中都可以找到。对于床敷,王安石《半山春晚即事》中说:"床敷每小息,杖屦或幽寻。"陆游《午睡》中说:"如何得一室,床敷暖如春。"对于床垠,梅尧臣《五月十七日四鼓梦与孺人谢恩至尊令作诗枕上口占》中说:"空余破窗月,流影到床垠。"对于床锐与床棱,苏辙《闲居五咏·杜门》中说:"床锐日日销,髀肉年年肥。"《次韵子瞻上元见寄》中说:"故人隐山麓,燕坐销床棱。"对于床裙,《宋史·舆服志》记载:"凡帐幔、缴壁、承尘、柱衣、额道、项帕、覆旌、床裙,毋得用纯锦偏绣。"

宋代的床根据制作材料的不同,又可分为木床、竹床、藤床、土床等。关于这几种材质的床,下一章我们将详细说明,这里不再做过多介绍。

二、宋代榻床

宋代的榻和前代一样,兼具坐卧的功能,人们既可以在上面躺着歇息或睡眠,也可以垂脚坐在榻沿,或者在上面进行待客等活动。现在我们所看到的两宋时期的榻,数目比床要多,而且结构、装饰和造型也比较丰富,构造优美。榻在宋诗宋词中多有提及,如黄庭坚有诗曰"榻前鼓吹蛙一部,榻上古木吟风雨",吕渭老有词曰"十年禅榻畔,风雨扬茶烟"。

宋代的榻有两种结构:一种是壸门结构,另一种是框架结构。

壶门结构自隋唐至两宋时期一直是家具制作的主要形式结构，与其相结合的是束腰和托泥的形式。壶门榻的底座上带有壶门装饰，端庄古朴，工艺复杂。

壶门榻在宋代绘画中十分常见。既有束腰又有托泥的榻比较少，这类榻主要见于北宋李公麟《维摩演教图》、宋佚名《十八学士图》和南宋苏汉臣《婴戏图》等画作。有托泥而没有束腰的榻数量很多，像北宋李公麟《维摩诘像》、宋佚名《维摩图》、南宋佚名《槐阴消夏图》、南宋李嵩《听阮图》、南宋牟益《捣衣图》、南宋佚名《荷亭对弈图》等画作中的榻都属于这类。其中，《槐阴消夏图》和《荷亭对弈图》中展现的壶门榻形体较小，分别置于不同的环境中，供人坐卧歇息。《槐阴消夏图》描绘了一位文人在炎炎夏日卧于榻上乘凉的情景。画中的榻面由框和镶板组成，托泥之上是榻的八只如意形脚，下面是八只如意云头状的小足。榻的前面有一屏风，榻侧列有一小案，案上摆放着香炉、书卷、笔架等物品。《荷亭对弈图》描绘的是南宋上层市民的悠闲生活。图中有两人对坐博弈，另有一人侧卧于床榻，榻的造型简洁大方，在腿部和底部的连接处设有角牙。在宋代绘画中还可以看到一种形制较大的榻，这种榻在当时主要用于日常起居生活和待客。

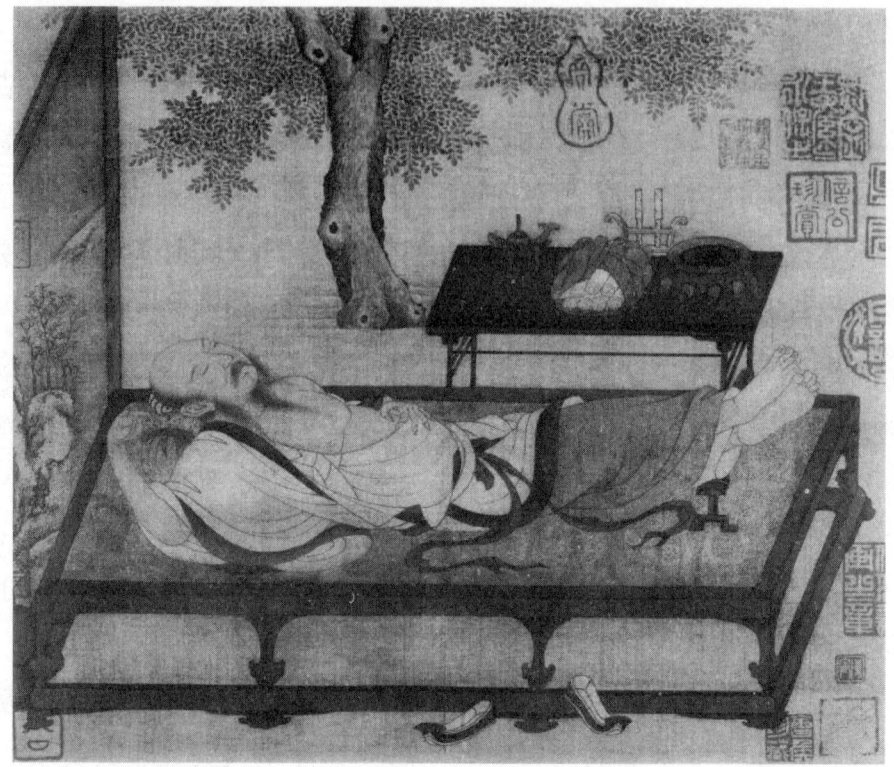

《槐阴消夏图》中的壸门榻

《捣衣图》中的壸门榻

■第一章 源远流长：床的起源和发展

宋佚名《维摩图》中的榻端庄古朴，细部刻画得很仔细。床围用攒框装板制作，边框转角处采用委角造型（方形直角向内收缩，形成小拐角）。边框内部的子框与边框通过大格肩榫交接。框内的装板全部使用浅色的瘿（yǐng）木（长有结疤的树木），以达到天然纹理活泼的效果。《维摩图》中的榻和明代的罗汉床相比有一些共同之处，但是明代的罗汉床为四足式，并不是台座式带有壶门，这显示出明代家具对宋代家具既有继承，也有改进和摒弃。

框架结构的榻在宋代十分流行，并逐渐取代了壶门结构的榻。这类榻有实物存世，如贵州遵义红花岗区南宋杨粲墓出土的石雕榻。框架结构的榻在传世宋画中也多有描绘，如宋佚名《高僧观棋图》、宋佚名《薇亭小憩图》、南宋佚名《蚕织图》中的榻。这种榻以四足式最具代表性，和壶门结构的榻相比，它们的形态简洁大方，装饰也少得多。

《高僧观棋图》中的石榻

宋代的榻多数比较低矮。高型榻在北宋《妙法莲花经》插图、宋佚名《维摩图》中有所描绘。此外，当时的榻主要为板榻，四面没有围子，采用一块平板的榻面供人坐卧休息。板榻常常与凭几或直几配合使用。

　　另外，有相当部分的宋榻背后设有屏风，这在贵族和士大夫阶层中比较流行。这种榻屏以独屏为主，偶见多屏，屏上常常装饰山水画。榻屏的形象在宋画中多有描绘，如在《槐阴消夏图》《捣衣图》《荷亭对弈图》等画作中，榻后面都立有山水屏风。两宋时期，榻屏上流行描绘山水画，这与当时的文化背景有着密切关系。宋代文人士大夫喜好山水，多在厌倦官场生活或者仕途坎坷时，从自然山水中寻求精神慰藉，以摆脱尘世的喧嚣，澄净自己的内心。受此影响，文人山水画盛极一时。山水图像出现在屏风等家具上，可见当时山水观念在宋人审美思想中的重要地位。

　　榻是低坐起居时代典型的坐具种类。在宋代这一家具转型期，榻依然呈现出旺盛的生命力。就形制而言，宋代的榻既有对早期壶门结构的发展，又有对框架结构的创新。如在江苏镇江博物馆收藏有一件北宋景德镇窑影青孩儿枕，枕中女孩所卧之榻较为拙厚，通体有卷草纹装饰，腿足粗矮，具有唐代家具的风格并有所发展；《蚕织图》中的板榻则表现出宋代家具的典型特点，榻简洁而实用，榻面采用45°格角榫，足间设有牙头和牙条，这可以视为后世明式家具经典风格的起源。

■ 第一章 源远流长：床的起源和发展

《蚕织图》中的榻

束　腰

　　束腰是传统家具的重要特征，指在家具面沿下做出一道小于面沿和牙板的腰线。束腰由佛教的须弥座演变而来。它可以分为高束腰、低束腰两类。高束腰家具通常露出腿的上节，并在中间用矮老分成数格，中间镶嵌绦环板。此外，束腰上下方一般都会装设一根木条，名为"托腮"，用来承托绦环板和矮老。低束腰家具往往不露出腿的上节，而是用束腰板将腿紧紧包裹。束腰线条主要有直束腰、打洼束腰等，有的在束腰板上装饰各种样式的花纹。

三、元代床榻

元代的床主要包括两种类型：一种是卧床，专门作为卧具；另一种是罗汉床，作为坐具使用。床榻形体较大，往往带有云纹装饰。

卧床的形制延续前代，仍以壶门、托泥为主要结构特征。在辽宁凌源富家屯元墓壁画《侍寝图》中，有一雕琢精致的青灰色木床陈列在一所敞轩内。此床的底座为壶门造型，带有托泥，床面与壶门间的横档以及壶门与壶门间的立档似乎绘有金属构件。床的两侧及后部设有屏风。

元刻本讲史话本《全相平话》的插图中有一种三面围屏床，为箱式结构，不同于宋代框架结构的床体。这种类型的床没有腿足，左、右、后三面置围屏，前面设脚踏。床座前板与围屏常常装饰如意云纹。三面围屏呈云形弧纹，背板高，侧板低，后靠背上绘有许多双钩如意云纹，两侧下部顺弧线呈翘起的卷云头。

围屏床也见于当时的墓葬壁画，如山西长治郝家庄元墓北壁画中的床形象。画面中，床的两面设有围屏，床架上有勾云纹花牙子，床上铺着毯子，毯子上有两块椭圆形坐垫，坐垫的边缘颜色较深，中间颜色较浅，上面饰有对称卷草纹样。

罗汉床是元代时出现的一种床榻类型，主要是僧人的坐榻，与单人宝座相似。这种榻在世俗社会应用并不广泛。

罗汉床的结构有壶门托泥式、四足式两种。壶门托泥式的罗汉床，床体硕大，床座上设三面围栏或三面屏板，屏板外均包边，中间镶屏心。三块屏板中，背屏板高，两侧屏板低，错落有

■ 第一章 源远流长：床的起源和发展

致。床体上的壶门较小，内有佛像。床前设有脚踏。

四足结构的罗汉床可以在元刻本《事林广记》的插图中看到。在画面中，两个蒙古官员正坐在一张围子罗汉床上下棋。

《事林广记》插图中的罗汉床

床的形体很大，三面设围栏，后栏杆高，两侧栏杆低。床前有脚踏凳，脚踏上设有牙头。

元代的榻在前代的基础上发展出了自己的风格。元榻通常形体较大，带有足承，从现有的图像资料来看，主要有四种形制。

第一种是带壶门和托泥的仿古榻。这种类型的榻在元代绘画中屡屡出现，可能是受到复古画风的影响。如在刘贯道画作《消夏图》中绘有一文士袒露胸、肩，赤足卧在榻上乘凉。图中的榻为壶门托泥式，形体较高，造型雅致，榻前的脚踏也是壶门式。元末画作《倪瓒像》中有一壶门托泥式榻，与《消夏图》中的榻相比，壶门的造型更加简洁，榻体也更高。

第二种是箱形坐榻。这种榻分为两类：一类是单人坐榻，设有足承和插屏，和高方桌配合使用；另一种是长榻，兼具坐卧的功能。箱形坐榻的形象在元刻本《全相平话》的插图中可以看到。图中，榻与插屏、桌结合使用，榻体较大，但比床要小些。

第三种为四足式榻,风格与宋榻相似。如山西大同冯道真壁画墓壁画中的坐榻形象,此榻形体比较矮小,榻面呈方形,下设四条罗汉腿,背后设有一座影屏。元初画作《扶醉图》中有一竹制四足式榻,形体较高,上铺席子,下设高足,足与榻面相接处有勾云纹牙板。此榻造型简洁明快,显然是宋朝风格。

《扶醉图》中的四足式榻

第四种是类似长条凳的榻。此类榻在蒙古人的墓葬中多有发现。如山西孝义下吐京元墓壁画中,墓主人坐在一张长榻上,脚下踩着足承。此榻的形体较高,榻面为横向条纹梳齿状,榻面下有一块厚板,和榻面一样大小。值得注意的是,这张榻的形制十分特殊:榻体狭长,榻面并不是很宽,与长凳十分相似。在元代皇宫中,有一些条凳是供贵族和大臣坐用的,由此推断这里的坐榻或许就是元廷中的长凳。

第七节　明清时期：床榻的黄金时代

明朝是我国历史上又一个强盛的朝代。明太祖朱元璋在位时采取了一些休养生息、顺应民心的政策，使当时的社会经济获得了极大恢复和发展。经济的复苏与繁荣促使农业和手工业出现了蓬勃兴旺的局面，同时带动商业获得了空前的繁荣。明政府非常重视对外贸易，尤其是明成祖朱棣时期，多次派遣使臣出使南洋并组织商队进行贸易。这些使臣从南洋各国返回时，常常带回当地大量优质木材。这为明代家具的辉煌提供了充足的物质材料基础。明代家具品种齐全，造型丰富，艺术风格趋于成熟。床榻作为其中的一大门类，制造技术和造型艺术均获得了大发展，进入历史上的黄金期。明代的床往往比较宽大、能睡双人，摆放在居室正中的暗间，类型主要有架子床、拔步床、罗汉床等。

清朝是我国古代社会的最后一个王朝。清朝初年，统治者采取了一系列减轻人民负担、恢复和发展生产的措施。到了康乾时期，农业、手工业、商业和对外贸易均得到很大的发展，全国上下呈现出一片繁荣景象，这些为家具的发展提供了广阔的空间和良好的条件。清代家具也有许多品种，在风格上既对明代家具有所保留，也有发展和创新。清代的床榻样式与明代相比没有太大变化，也主要分为架子床、拔步床、罗汉床等。

一、架子床

架子床是明清时期十分流行的一种床的样式，其做法一般是在四角架设立柱，床顶起盖，顶盖四围安装楣板和倒挂牙子，床体两侧及后部安装围栏。架子床就是因为床上有顶架而得名。架子床的形态多种多样，有的在床的迎面安装雕花门罩，同房间融为一体；有的在床的正面多安装两根立柱，称为"六柱床"。还有的在正面多安装两根立柱，两侧分别安装一块方形栏板，即"门围子"，正中没有围子的地方供人们上下床，这种床俗称"带门围子架子床"。架子床多在外面围以幔帐，从而增强了床内的封闭性。

明清两代的架子床呈现出不同的风格。明代架子床在结构、造型和装饰等方面以轻巧多变见长，床体主要用黄花梨木制作，看上去清雅别致；床围和挂檐一般用细木攒接成各种花纹图案而不是大面积地雕花或镶嵌，架子的顶部通常取平，以便于张设床帐；床足常常做成内翻马蹄的罗汉足或三弯腿形式，床面主要使用软屉，足间往往不加衬板或横枨。

典型的明式架子床在上海博物馆里藏有一件，为黄花梨六柱式架子床。此床制作于明代晚期，由床罩和床身构成，床正面上方挂檐镶嵌三块透雕板片，上面刻着双凤朝阳和双龙戏珠的图案，下面的围子正面透雕麒麟图案，床身下方的牙条上浮雕螭纹和卷草纹。床两侧后面挂檐及床围子采用四簇云纹的装饰，为典型的"斗簇""攒接"手法。整件床显得端庄秀丽，玲珑剔透。

■ 第一章　源远流长：床的起源和发展

明黄花梨六柱式架子床（藏于上海博物馆）

美国加利福尼亚州中国古典家具博物馆里收藏着一件明代中晚期黄花梨门围子架子床。此床为六柱式架子床，床四周的围栏上雕有四簇云纹和灯笼锦加十字纹。床的特别之处在于门楣及四周挂檐皆采用透雕方式，用厚板施以落堂硒鼓装置，也就是说将四边装入边框槽内的部分削成斜坡，使面心四周稍微低于边框，然后在凸起处进行雕镂，使花纹风格呈现出多样性，给人以丰富、变化、活泼的感觉。这件床的装饰纹样别具一格，堪称明式家具中的精品。

明代中晚期黄花梨六柱带门围子架子床
（美国加利福尼亚州中国古典家具博物馆收藏）

清代的架子床与明代相比有着很大的不同，尤其是康熙以后的架子床。清代架子床在用料上普遍采用红木和紫檀，造型结构趋向华丽繁复，装饰图案更加注重雕工，床围、门面及挂檐上的图案一般采用透雕手法，床的正面往往装有雕刻华丽的门罩，顶盖正檐上流行加悬匾额，床下多使用封闭式的床柜。床柜样式分为两种，一种是全封闭形式，另一种采用"两头沉"的做法，就是两侧分别有一封闭式屉柜，中间空出。

清代的架子床制作精美，件件都是难得的艺术品。例如，在北京故宫博物院收藏有一件清代紫檀木架子床。此床所用紫檀木料粗壮精良，形体高大，且四足、床柱、牙板、围栏、上楣板等都不惜耗费人力和物力，全都雕镂华丽的云龙花纹，床顶上还安有近40厘米高的紫檀木雕云龙纹毗卢帽，工艺十分复杂、精湛。此床采用束腰形式，膨牙作壸门状，整体上看恢宏壮观，给人一种庄严华丽的感觉，是清代家具鼎盛时期的代表作，有较高的艺术价值和收藏价值。又如清代紫檀麒麟八仙龙纹架子床，至今保存完好。此床长2.38米，宽1.7米，高2.28米，由18个组件组成，拆装方便。画面正面为麒麟送子图案，两端为山水风景，后面刻有八仙，床周围为龙子龙孙。画面清晰，雕工精细。

清代民间所用的架子床也跟明代不同，除在左、右、后三面安装围栏外，也有的在床的正面装设垂花门，通常用大约一寸（1寸≈3.33厘米）厚的木板雕镂出"松竹梅""葫芦万代"等象征长寿、富贵、子孙兴盛的吉祥图案。例如，安徽黄山见明堂民俗博物馆中有一件清代红木架子床。此床长2.2米，宽1.8米，通体用红木制成。四角安立柱，用与床屉等宽的床柜支撑，床柜前面与侧面设有抽屉，用来存放日用品。床面两侧及后面安装围栏。床顶前沿装毗卢帽。床上刻着一串串葡萄和一群松鼠，寓意多子多福、万事如意。此床整体造型具有清末至民国时期的风格特点。

清代红木架子床（安徽黄山见明堂民俗博物馆中收藏）

还有一种红木雕葡萄纹架子床，样式是清代晚期较为常见的风格。床的正面采用小开门，花板通体雕刻葫芦万代吉祥花纹，绦环内或嵌玻璃，或嵌大理石。床帽边沿起线打洼（家具线脚起阳线并在其正中做出凹画），看起来很壮观。这种床可以拆卸，方便组合和移动。有的床下面没有腿足，采用木柜支撑床屉，以便充分利用床下空间来存贮日用杂物。

清末红木雕葡萄纹架子床

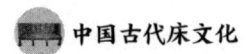

> **知识链接**
>
>
>
> 龙凤床
>
> 龙凤床也称宝座床,是宫廷用床的泛称。龙凤床的基本结构是架子床,不过尺寸比民间用床大很多,上面雕刻着繁复精美的龙凤图案。明代何士晋汇辑的《工部厂库须知》卷九中记有万历十二年(1584年)宫中传造龙凤床等40张的工料费用:"传造龙凤拔步床、一字床、四柱帐架床、梳背坐床各十张,地平、御踏等俱全。合用物件除会有鹰平木一千三百根外,其召买六项,计银三万一千九百二十六两,工匠银六百七十五两五钱。"制作40张床,要花费3万余金,由此可见宫中龙凤床的名贵和奢侈。

二、拔步床

拔步床是架子床的升级版,是古代体形最庞大、结构最复杂、造型最奇特、功能最完善、装饰最华丽的工艺精湛的一种床类家具。

"拔步床"一词最早出现在元人柯丹邱杂剧《荆钗记》中的对话"可将冬暖夏凉描金漆拔步大凉床搬到十二间透明楼上"。因为拔步床从准备制作到全部完工需要花费上万工时,所以在川作家具中也被称为"万工床"。

拔步床的造型受到古代建筑技术的影响,是一种房中有屋的家具。其构造主要包括两部分:一是架子床,二是架子床前面的围廊。围廊的结构复杂,构件比较多,是拔步床最具代表性的部

■ 第一章 源远流长：床的起源和发展

分。围廊下安装的木板叫作踏板，也称为"地平"。白话小说《金瓶梅》第十九回中写道："西门庆心中大怒，叫李瓶儿脱了衣服，跪在地平上。"这里提到的地平就是踏板。踏板是围廊的底座部分，床主人准备睡觉时，需要抬步走过踏板才能上床。踏板下面装设底足，与地面之间空出些许距离，起到防潮防湿的作用。围廊内两侧陈列有桌、凳、椅等小型家具和一些小的用品。通常在左侧设置几案，上面放镜子、奁盒和灯盏，供女子梳洗打扮使用；右侧放置椅子、矮柜或便桶。围廊就这样围出一个狭小的生活空间，人跨步进入围廊，就像走进一间独立的小房子一样。

拔步床

拔步床因为形制复杂、工料浩繁、装饰华丽，成为一种贵重的、具有财产象征意义的家具。《金瓶梅》第九回中提到，西门庆花费十六两银子买下一张黑漆欢门描金床，又顺手分别用五两和六两银子买下两个婢女；第二十九回中提到，潘金莲得知西门庆为李瓶儿买了一张螺钿敞厅床，心里不满，跟西门庆闹起来，西门庆旋即"用了六十两银子买了一张螺钿敞厅床"给潘金莲。小说中提到的螺钿敞厅床指的是宁波制造的螺钿嵌拔步床。床价值六十两银子，足以买下五六个丫头，可见床的价值不菲。鲁迅小说《阿Q正传》中多次提到阿Q垂涎秀才娘子的"宁式床"，想据为己有，没想到最后赵家遭到抢劫，宁式床被抬走。小说第七章说："东西，……直走进去打开箱子来：元宝，洋钱，洋纱衫，……秀才娘子的一张宁式床先搬到土谷祠，此外便摆了钱家的桌椅，——或者也就用赵家的罢……"此处的宁式床也是指宁波产的拔步床，可见当时拔步床的地位很高，如元宝和洋钱一样，是一种十分重要的财产。

清代宁式骨木镶嵌红木拔步床

■ 第一章 源远流长：床的起源和发展

螺　钿

螺钿是用贝壳薄片制成人物、花草、鸟兽等形象嵌在雕镂或髹漆的器物上的装饰技法。这种工艺手法有着悠久的历史，商代时就已经流行，到了唐代达到了很高的技艺水平。在螺钿技法中，选用较厚的贝壳片，称为"硬螺钿"；螺钿制成薄如纸甚至薄如蝉翼的贝壳片，称为"薄螺钿"或"软螺钿"；将螺钿的薄片花纹和底面衬上各种色彩，透过贝壳能显现出各种颜色的效果，称为"衬色钿嵌"。

明清时期的拔步床有一些实物传世。德国学者艾克在《中国花梨家具图考》中收录有一件黄花梨木拔步床，此床是20世纪初流散到国外的明式家具珍品之一。从床的造型及结构特征来看，其制作时间应当不晚于清初。床通高227厘米、进深208厘米，床面长207厘米、宽141厘米，床下有台座，上有顶盖。在平台四角安装有立柱，其间嵌装木围栏。平台伸出床前大概67厘米，形成廊庑。床身部分为带门围的无束腰六柱床，四足落在平台上，马蹄足内翻，腿足间素牙条做成壸门状。床与廊庑的柱间皆用小木条攒接成"与"字形围栏。顶盖和廊庑的挂檐都设有绦环板，开海棠式镂孔。顶盖和木台都用软木制作而成，地板攒边；台座有束腰，台下用12个内翻的矮式马蹄足承托。从整件床的制作工艺来看，其用材十分讲究和贵重，主要框架都采用厚重的方材，边沿起线挂檐，造型简洁明快，在明式家具中富有特色。

明代拔步床的模型也见于墓葬之中。上海潘氏墓、苏州虎丘王氏墓、河北阜城廖氏墓都曾发现拔步床。例如，明代楠木垂花柱式拔步床，这件床形体庞大，长239厘米，宽232厘米，通高246厘米。其制作年代大致为明代中期。此床的横眉和挂檐处皆镂刻透雕，表现古代人物故事，前门围栏和四周挡板雕饰凤凰、麒麟、卷叶、牡丹等纹样，工艺精湛，流露出明代中叶的典型风格。床围栏杆花板及床身牙板，均为江南明代中期的典型纹饰。牙板洼堂肚中央刻有的石榴纹，两侧的卷叶纹，线条流畅，造型优美，并且装饰手法高明，充分体现出江南地区拔步床的文化性。

明代楠木垂花柱式拔步床

清代拔步床较为奢侈，床上有繁多的雕刻、镶嵌、描绘等，显得富丽堂皇。下图展示的是清中期榉木攒海棠花围拔步床。此床长250厘米，宽220厘米，高233厘米，共有十柱，周身大小栏板均为攒海棠花围，垂花牙子也雕镂出海棠花，做工精巧，令人惊叹。

■ 第一章 源远流长：床的起源和发展

硬木拔步床工料浩繁，形体庞大，流传下来的并不多。民国以后，这种床依旧在江南地区的富贵之家使用，装饰内容多为吉祥图案和历史典故。

清中期榉木攒海棠花围拔步床

三、罗汉床

罗汉床指左面、右面、后面皆安装围栏的一种床。罗汉床的名称来源已经无法考证，可能与寺庙中曾较多地使用这种样式的床有关，也可能是因为床的形象饱满，酷似寺院中大肚罗汉的形象。

罗汉床主要有三面围板式和透雕棂格状围屏式两种类型。三面围板式罗汉床是最常见和最简单的一种形式，其做法是在床的左、右、后三面安装整块挡板，这种罗汉床的前身是汉魏以来广为流行的三面围屏式大床。透雕棂格状围屏式罗汉床的床屏，常采用小木料和花牙子拼合或攒接成棂格状的围面，安在床上就像栏杆一样，这在明式罗汉床中也是十分常见的。罗汉床的屏板通常比较低矮，足往往做成内翻的马蹄形或出肩的三弯腿形式，并且床身和腿足之间多有束腰。从严格意义上来说，放在暗间或寝室的"罗汉床"与传统形式的围屏板床并没有太大差别，三面围栏平齐，主要供人休息之用，不管是在造型上还是在功能上，都更具备床的特征；摆放在明间或者书房、厅堂中的罗汉床则比较富有情趣，一般把后背床屏做成山字形，两端床屏依次做出阶梯形软圆角，形成错落有致的结构，也更能适应不同位置的凭靠，这种罗汉床上面常常摆设矮几等小型物件，主要用于闲居、会客以及办公等，应是榻的发展形式。

三面围板式罗汉床

艾克的《中国花梨家具图考》一书中收录有一件"卍"字围屏式罗汉床，其是明代罗汉床的典型形式。这件床长204厘米，宽94厘米，通高80厘米，座高约46厘米，用黄花梨木制作而成。床的两侧及背面装有三扇"卍"字形棂格式围屏，后面的一扇稍高一些，和其他两扇用暗榫相接。床身采用高束腰，足为方柱形，内翻马蹄。床下沿和腿足间围成壸门洞，并雕出一周凸起的条边。床面在宽边内侧打槽，然后用销钉和边条将藤席与

■第一章 源远流长：床的起源和发展

棕屉固定在床上。因为此床采用软屉，所以使用起来舒适而凉爽。《中国花梨家具图考》中还描述了一件"五屏式罗汉榻"。此榻大约制作于明末清初，所用木料为老花梨木。榻面长199.5厘米，宽125厘米，通高108厘米，在明代同类家具中是形体较大的一件。榻面两侧及背部围有五块屏板，屏板全部采用起边喷面形式，中间的一块最高，向两侧依次递减，侧面两板仿照扶手椅的扶手造型做出一定的曲率，非常方便凭靠。榻面起槽加屉。榻身采用高束腰，腰下有多层叠涩（也称托腮，就像佛教中的须弥座）。榻腿做成拱肩鼓腿加内翻马蹄的罗汉腿样式，其间围成壶门洞。这件罗汉榻因造型和流畅挺劲的线条而取胜，用料与做工极为讲究，整体色调古雅庄重，没有任何其他装饰，相比于常见的明式罗汉榻富有新意，是明清家具过渡时期的重要制品。

流传至今的明式罗汉床或罗汉榻的实物有许多，北京故宫博物院里就藏有一件明代黄花梨十字连方围子罗汉床。床面长198.5厘米，宽93厘米，高89.5厘米。床身通体用黄花梨木制成，有束腰。床围以十字连方的形式攒成，正中一块围子，上层

明代黄花梨十字连方围子罗汉床

卡子花分布不太自然，两端的绦环板没顶到头，疑为后改。席心床屉，下衬硬板。屉面下有束腰，牙条为壸门状。床足呈三弯腿内翻马蹄。

明代罗汉床明器已有出土。在山东邹城朱檀墓曾发掘出一张五攒框围子屏风罗汉床，此床为明代早期作品。攒框围子中央高，两侧低，围子边角均做成委角，腿与铺面直接衔接，三弯腿足宽厚，并且稍微向外撇，在腿和牙条交接的位置镂雕云头如意纹饰。上海宝山李姓墓曾出土一件明成化年间的罗汉床。此床后面的围子为独板，中央高，两侧略低，并用黑色线条进行分界，两侧围板不低于围子的板角做成柔和委角。床面由独板制成，截面下皮内收，同牙条衔接呈束腰状。牙条和腿为一木连做。腿足镂成兽头状，下设托泥。腿间牙条设有壸门。此床整体造型简练，不花哨，也不显得单调，是明代中期罗汉床的代表作品。浙江嘉兴项氏墓曾发现一件明万历年间三屏风罗汉床。床面为整板，上用三块板做成围子，出土时已经损坏。正面两足间连接两端稍大的直牙条，足下端做成内翻马蹄，这是明代晚期罗汉床的艺术特点。

此外，在一些明清绘画和文献典籍中也可以看到不少这种床榻的形象。罗汉床或罗汉榻的结构通常比较稳定，主要变化体现在围子的做法和雕饰工艺上，既有其简洁疏朗的一面，又能够较好地体现工艺的娴熟细致。明人文震亨在《长物志》中明确记载了当时榻的形制："坐高一尺二寸，屏高一尺三寸，长七尺有奇，横一尺五寸，周设木格，中实湘竹，下座不虚，三面靠背，从背与两傍等，此榻之定式也。"据此可以知道，形体狭长的罗汉床在当时依然称为"榻",这对今天我们了解床和榻的区别是非常有帮助的,也有利于进一步研究当时床、榻的不同陈设格局。

清代康熙以后,罗汉床和罗汉榻的造型又有新的发展,主要体现在三个方面:一是五扇乃至七扇屏的床榻数量比以往增加了,造型风格丰富多样,后背显然高于两侧,形成阶梯式对称格局;二是床面或者榻面开始变得宽大,形体增高,用料十分粗壮和厚重;三是装饰上趋于华丽,尤其是雕磨工艺变得格外繁缛,有的甚至采用百宝嵌等豪华装饰。

清乾隆时期制作的罗汉床

例如,在承德避暑山庄有一件紫檀雕夔龙纹罗汉床,是乾隆年间的作品。床面长220厘米,宽130厘米,通高138厘米,座高58厘米。床围做成五屏风式,每扇围屏都用透雕的拐子纹作地,衬托出铲地浮雕的委角长方形绦环板,其上镂雕漂亮的蝠磬流云纹饰。中间的一扇围屏,上部雕成涌起的巨大云头,形成搭脑。两侧围屏的外框高低起伏,错落有致。床身采用束腰形式,下面为三弯腿外翻马蹄足,是罗汉床的常见造型。值得注意的是,这件罗汉床的足下设有托泥,床沿下边雕刻云雷纹花牙子,床面配有带束腰内翻马蹄足的矮几。整件床用料讲究,制作古色古香,颇有情趣,是清式家具鼎盛时期的代表作品。同明式罗汉床比较起来，此床在尺寸、造型、用料以及雕饰工艺等方面都突出反映了上述三大特点，可谓研究明清家具不同风格的难得的实物资料。

知识链接

大烟床

罗汉床在清代末年有了一种专门的用途，就是供吸鸦片的人躺卧，那时的罗汉床因此得名"大烟床"。大烟床是腐朽"床文化"的极端表现如今早已不见。大烟床的中间摆放着一张小案，用来置放烟具，小案两边可供两人躺着吸烟，抽去小案几乎就是罗汉床，放上小案则是大烟床。1864年的《每日新闻》有篇文章描写了烟民在大烟床上吸食鸦片的情景："床上没有被单和床罩，枕头和靠垫依床沿的长度而放，三个中国人围着一个日本小托盘懒散地躺着……床边有一些椅子、一张桌子和一些烹饪器具。……他们无疑属于中国人中受人尊重的阶层。其中一个年轻人向我们表演如何装烟泡，点燃，然后来吸。那半杯黑褐色的浆体就是为吸食而准备的鸦片，它值25个先令。每个人都是自给自足，懒洋洋地躺在床上。"

大烟床

第二章

琳琅满目：丰富多彩的床榻类型

第一节　不同材质的床

传统床榻的材质比较丰富，根据使用材料的不同，可以划分为不同的种类，主要有木床、石床、土床、竹床和藤床等。其中以木床和石床最为常见，相对来说也更易于保存。

一、木　床

古代的床榻主要是木床，这也是最早出现的一种床。

在明清以前，木床的用料主要是各种国产木材，这些国产木材大多不够坚固，容易腐朽，因而用其制造的床不容易保存，流传下来的实物极少。进入明代以后，随着硬木家具的逐渐普及和家具制作要求的不断提高,开始从海外引入大量不同种类的硬木,如紫檀、花梨、红木等,用于家具制作。这时的木床也主要采用贵重的硬木制造。硬木大都质地坚实,容易保存,因而传世的木床以硬木居多,主要是明清时期的作品。现将不同硬木及由其制作的木床分述如下。

1. 紫檀木床

紫檀是所有硬木中质地最细密的,它主要产于印度、菲律宾、马来半岛等地,在我国云南、两广一带也有少量出产。紫檀色泽紫黑,微有芳香,深沉古雅,主要用来制作高级家具。

我国自古就认为紫檀是最名贵的木材之一,东汉时就有关于紫檀的记载。到了明代,由于皇家和王公贵族的喜爱,朝廷从海外采办了大量紫檀原料。清代时,紫檀更加受到上层社会的青睐,尤其是在对紫檀精雕细刻、百宝镶嵌、描金装饰之后,恰好吻合权贵和富豪追求奢华、显赫的风气。

紫檀制成的床极为精致,如故宫博物院里的紫檀木嵌瓷心床。此床为清代中期作品,长248厘米,宽131.5厘米,高92厘米。床体由紫檀制成。床面上有九屏式床围,用走马销连接。九个屏框内各嵌饰一朵五彩花卉纹的瓷片,色彩艳丽,同紫檀木相得益彰。

紫檀木嵌瓷心床

2. 花梨木床

花梨在古代一般写为"花榈",因为其纹理酷似狸斑,所以也被称作"花狸"。花梨木分为新花梨和老花梨两种。新花梨在我国云南、广东、广西、浙江等地均有出产,清代时也从泰国、缅甸等地大量进口。新花梨木质比较疏松,纹理呆滞,没有光泽和香气。老花梨也叫黄花梨,主要产于海南岛。木质坚硬,纹理华美,有悦人的香气,而且木色丰富,从橙黄到紫红都有。黄花梨的这些优点使其成为明代和清代前期高级家具的主要用料,在明代家具的传世作品中,有很大一部分是黄花梨木制品。

在传世的黄花梨木家具中,可以看到不少黄花梨木床,如北京观复博物馆中的清代黄花梨"天圆地方"纹六柱架子床。这件床的全部构件都用"圆"来表现。床顶周围的绦环板用整板雕出"圆裹圆"的造型,历经百年而不变形,由此可见黄花梨木的坚固性。下方围栏采用榫卯结构组成"方套方"的形式,象征天圆

清代黄花梨"天圆地方"纹六柱架子床

地方。床腿用料硕大，和谐统一。

3. 红木床

红木主要产于印度，在我国云南和广东也有出产。红木也有新老之分。新红木颜色赤黄，有花纹，类似黄花梨。老红木比较像紫檀，木色为黑红或深红，有的带墨色斑点，纹理细密，并有轻微香气。

红木在清代使用极为广泛，在清代家具中，最常见的就是各种各样的红木家具。当时上至朝廷官府，下至平民百姓，都投入到了崇尚红木家具的潮流之中。在社会的各个阶层，红木家具几乎无人不知，甚至有人把传统的高级硬木家具都叫作红木家具。

红木床是红木家具中的一大品类，这种床多采用镶嵌、木雕等工艺，如下面这件红木雕三多纹罗汉床。此床为清代晚期作品，长206厘米，宽110厘米，高96厘米，通体用红木制成。床面硬屉衬藤席，面下有束腰。腿足为内翻马蹄足，下承托泥。床面上设五屏式床围，攒框镶心，皮条线绦环内浮雕"三多"（佛手、桃子和石榴）图案，表示"多福""多寿""多子"。

清代红木雕三多纹罗汉床

4. 铁力木床

铁力木亦名铁梨木，原产于印度，在我国广西也有出产。其材质坚硬沉重，木色为暗红色，纹理优美。铁力木大材容易获得，因而明清时期的很多大件家具都用它来制作。

铁力木床是铁力木家具中的一大品类，造型古朴，经久耐用，如下图中的这件铁力木床身紫檀木围子罗汉床。此床为明代制品，长221厘米，宽122厘米，高83厘米。床身用铁力木制作，鼓腿膨牙。床面为藤编。床围为紫檀材质，以攒接法拼成"曲尺"图案。

铁力木床身紫檀木围子罗汉床

二、石床和石榻

石床和石榻的历史也很悠久，从文献记载来看，它出现的时间不晚于战国。

石床和石榻常用作随葬品，如晋代葛洪《西京杂记》中关于石床的记载：西汉广川王刘去疾发"魏襄王冢，皆以文（纹）石为椁，……中有石床、石屏风，婉然周正"。发魏"哀王冢……初至一户，无扃钥。石床方四尺，床上有石几，左右各三人立侍，皆武冠带剑。……复入一户，亦石扉，开钥，得右床，方七尺，石屏风、铜帐钩一具，或在床上，或在床下。……石枕一枚，……床左右石妇人各二十"。发"魏王子且渠冢，甚浅狭，无棺，但有石床，广六尺，长一丈，（床侧）石屏风，床下悉是云母。床上两尸，一男一女"。通过上面的文字材料可以知道，魏哀王墓中的前一件"石床"应是独坐榻。这张榻上放有石几，榻的尺寸和服虔《通俗文》中记载的极为接近。哀王墓的另一件石床方七尺，带有屏风、帐和枕，而且床侧有妇人服侍，显然属于卧床的范畴。魏王子且渠墓中的石床与哀王墓中的第二件石床一样，也是卧床。至于魏襄王墓的石床，虽然葛洪没有说明床的大小，但通过"婉然周正""床上有玉唾壶一枚，铜剑二枚，金玉杂具"等描述，可知此床区别于卧床，极有可能是一件设屏坐榻，是魏襄王接见群臣时的专用坐具。

甘肃天水出土的隋唐贴金彩绘围屏风石榻

以上所述三座墓葬均属于战国时期。这种墓中随葬石床榻的习俗到汉代时进一步流行，尤其是在北方地区。例如，1958年在河南郸城出土了一件石坐榻，此榻用青色石灰岩雕刻而成，长87.5厘米，宽72厘米，高19厘米。榻平面呈长方形，四角有曲尺状足，榻面上刻着"汉故博士常山大傅王君坐榆"十二字。《说文解字》中没有收录"榆"字，《广韵·盍部》释"榆"曰："榻，床也，吐盍切。榆，同上。"可知，"榆"就是榻。这种榻的形制在东汉画像石上也有较多发现，木质和漆质实物也屡有出土，是当时较为流行的小型坐具。其尺寸近似《通俗文》中提到的榻的大小，而且其自身也叫作"榆（榻）"，从而为研究秦汉时期床榻的形制区别以及定名等提供了重要资料。

石床在魏晋南北朝时期的墓葬中有较多出土。魏晋南北朝时，墓室中用来放置尸棺的大床，习称为"棺床"，往往由石材制作而成。这些石棺床有的雕琢精美，较能反映当时实用大床的形制面貌。下面介绍三座典型的石棺床。

一是山西大同北魏司马金龙墓石棺床。司马金龙墓是琅琊康王司马金龙及其妻子姬辰的合葬墓，包括前堂、甬道、后室等部分，石棺床陈列在后室靠右壁处。整张床由6块石板组成，长241厘米，宽133厘米，高51厘米。床前沿雕有缠枝忍冬图案，图案中分格雕刻13个伎乐形象，中间为舞伎，其余都是乐伎，所演奏的乐器有钹、鼓、琵琶、排箫、横笛等。除了伎乐，还雕有其他图像，如龙、虎、凤凰、人头鸟、金翅鸟等。床有三足，分别设在两角和中央位置，床足上浮雕4名大力士，床脚之间雕饰壶门。显然，这是在仿效当时的木床形貌。此外，床上设有漆木围屏，但围屏已经散乱，只留存部分屏板。屏面分栏描绘列女等历史故事图像，颇有顾恺之的画风。

北魏司马金龙墓石棺床

二是陕西西安北周安伽墓石棺床。安伽是粟特（中亚古地名）人，生前在北周任大都督和同州萨保。他去世以后，墓葬从形制到葬具都遵循汉族习俗。墓室内设石棺床，床长228厘米，宽103厘米，通屏高117厘米。床足间有壸门，正面床面侧边分格雕刻装饰纹样，床上侧后摆设屏风。由于安伽曾担任管理祆教的"萨宝"职位，因此他的墓葬带有一定的宗教色彩和异域风格。例如，墓中门额雕祆教火坛，并将祆教异兽图像作为床前沿的装饰图像；石床围屏上展示生活习俗的图像，除了选用中国传统建筑和服饰外，也选用西域风习的建筑、服饰。

安伽墓石棺床

三是陕西西安北周康业墓石棺床。康业是康居（古西域国名）国王的后裔，曾在北周担任罗州使君、车骑大将军等职。相比于安伽，他的地位和身份显然更尊贵，但由于他没有从事过宗教事务，因此在他的墓室中，石棺床使用的装饰图纹完全为中国风格。石床长 238 厘米，宽 107 厘米，床下前沿设三只床足，均雕成蹲兽形。康业的尸体便安葬在床上。

三、土　床

土床也称火炕，是一种用土坯或砖块砌成的床，底下有洞，可以生火取暖。这种床流行于北方广大地区。清代顾炎武《日知录·土炕》中说："北人以土为床，而空其下以发火，谓之炕。"

土床的历史很悠久，至少在 2 000 年前就开始使用了。根据现在掌握的考古资料来看，土炕应该是黑龙江先民沃沮族人的伟大发明，它的出现结束了黑龙江先民以"穴居"防御严冬的时代。在黑龙江省东宁市大肚川镇团结村出土的沃沮族遗址中，就发现有早期的土床，考古学家称其为"低火墙"。这种原始的土床是单洞形式的，十分狭窄，据推测，只能供老人或者小孩睡在上面，度过漫长的寒冬。后来经过改良，单洞炕发展为双洞炕、多洞炕，可以供更多的人睡卧。土床随着北方各民族的交流往来而渐渐成为北方人民在寒冷的冬天取暖御寒的主要方式。隋唐时期，渤海人和高丽人已经开始普遍使用多洞的"长炕"。《旧唐书·东夷高丽传》记载："其俗贫窭者多，冬月皆作长炕，下燃煴火以取暖。"宋辽金时期，女真人的土床结构已经和现代北方农村地区的土床相差无几了。《宋文鉴》记载：女真族"环屋为土床，炽火其下，而饮食起居其上,谓之炕,以取其暖"。土床的广泛传播,与女真人有着莫大的关系。金代女真人在占领华北以后,进行了大量移民,同时把土床带到了华北,以河北和山东为最,改善了北方人民的生活环境,提高了人们的御寒能力。如今,随着现代化步伐的加快,土床渐渐被现代家具所取代。不过,在一些地区,人们依然保留着土床,享受着"热炕头"的乐趣。

土炕(流行于北方地区)

四、竹 床

四季常青、遇寒不凋的竹,因虚怀清雅、亦柔亦刚,深得文人喜爱。一般百姓则喜欢竹的光滑轻盈、坚固柔韧,更因它取之不尽、用之不竭,而给生活带来诸多便利。至于佛家弟子,似乎也对竹情有独钟,常常用竹的"空心"来隐喻佛教的"空"。

竹,深受社会各阶层民众的喜爱,因而将其引入生活,用来制作家具,可以说是顺其自然、在情理之中的事。

在南方,竹床是一种十分常见的家具,尤其是夏天,竹制床颇受人们的青睐。竹床的历史比较悠久，据史料记载，可能源自唐代。白居易《村居寄张殷衡》诗曰："药铫夜倾残酒暖，竹床寒取旧蚝铺。"韩愈《题秀禅师房》诗曰："桥夹水松行百步，竹床莞席到僧家。"苏辙《病退》诗曰："冷枕单衣小竹床，卧闻秋雨滴心凉。"吕夷简《无题》诗曰："竹床瓦枕虚堂上，卧看江南雨后山。"杨万里亦有《竹床》诗云："已制青奴一壁寒，更指绿玉两头安。"可见，竹床至少在唐宋时期就已经使用。直到近现代，竹床依旧是南方盛夏乘凉时必备的一种家具。徐铸成《报海旧闻》中说："盛暑时，各家吃完饭，就先后把竹床搬到院子里，乘凉往往到深夜。"

竹床因为通体采用竹子制作而成，所以名为竹床。竹床的做法是先把竹子弯成床足，床面用两根竹子做边框，中间用竹片连接，上面铺设细竹片，两端用竹片压住竹床片，然后套在床足上，足下部四周用竹竿榫接，来加强竹床的稳固性。

竹床虽便于纳凉，但它也有一些缺点，如容易发霉和遭受虫蛀等，这让竹床很难长期保存下来。因此，现在看不到古代竹床的实物。

现代竹床

中国古代床文化

知识链接

老武汉竹床阵

"竹床阵"是旧时武汉人消夏的方式。武汉地处长江流域，地势如盆，周围多山，人口众多，每逢夏日，天气异常炎热。那时并没有空调、电扇，人们热得在屋里待不下去，夜幕降临以后，每户人家都搬出竹床在街上铺设开，形成了独特而壮观的竹床阵。竹床一个挨着一个，人们或者坐在上面，或者躺在上面，大家聊着天，十分热闹。等到深夜气温稍微降低后，人们才渐渐入睡。睡不了几个小时，天就亮了，来往的车辆和行人会把人吵醒。人们只好把竹床搬回家里，开始新一天的生活。整个武汉几百万人口几乎都这样露宿街头，外地人来到武汉，看到竹床阵会觉得十分惊奇，而在武汉人眼中，这是习以为常的事。进入现代以后，随着人们生活水平的提高和居住条件的改善，已经看不到大摆"竹床阵"的情景了。

武汉园博园汉口里竹床文化节，再现旧时武汉竹床阵

五、藤　床

藤床是用藤条编制成的床。这种床在宋代时就在使用。

宋人朱彧《萍洲可谈》中有一则"王安石巧还藤床"的故事，颇为有趣：

王安石在生活上不修边幅，他的夫人吴氏却极爱清洁，为此两人常闹矛盾。有一次，王安石辞官，从府衙搬回私宅前，有官差前来清理物资，发现卧室里有一张藤床。此床是吴氏向官府借用的，一直没有归还，现在王安石辞职，这张床理应还给官府。但官差并不敢直接索要，只是盯着藤床看。王安石明白是怎么回事，为了避免出现难堪的场面，想出了一个解决办法：他立马脱下靴袜，光着脚上到床上，并仰卧在上面，把床弄得肮脏不堪。吴氏见了，便让官差把藤床搬走了。

北宋沈括《忘怀录》中也介绍了藤床，这是一种使用藤绷的木床或竹床："其座方二尺，足高一尺八寸，档高一尺五寸，从地至档，共高三尺三寸。木制藤绷，或竹为之，尺寸随人所便，增减为床，长七尺，广三尺，高一尺八寸。自半以上别为子面，嵌大床中间。子面广二尺五寸，长三尺，皆木制……下虚二寸，床下以板称之，勿令通风。又子面嵌下与大床平，一头施转轴，中间子面底设一拐撑，分五刻。子面首挂一枕，若欲危坐，即撑起，令子面直上，便可靠背，以枕承脑。欲稍偃，即退一刻尺，五刻即与大床平矣。凡饮酒，不宜便卧，常倚床而坐，稍倦，则稍偃之，困即放平而卧。"详细地叙述了这种床的尺寸及样式，并指出此床靠背可以调节，兼具坐卧的功能。不过，迄今为止，并未在现存床具实物和图像资料中发现这种类型的床。

现代藤床

藜　床

除了竹床、藤床是用植物制作的之外，还有一种由植物制成的床榻——藜床。藜是一种草本植物，它的茎可以用来制作手杖，称为藜杖；也可以用来制作床，就是藜床。藜床是隐居的文人所用之床，造型简朴，崇尚自然。据记载，汉末三国时期的管宁在隐居的时候经常坐一张藤床，一连坐了50多年，而且都是屈膝而坐，以至于藤床上与膝盖接触的地方都磨穿了。

第二节　不同雕刻内容的床

床是人们一生的伴侣，是幸福的梦寐之乡，人的生老病死都离不开床，因而自古以来床都深受人们的重视。尤其是在古代，床占据着很高的地位。正因为床的重要性，人们在床上倾注了大量心血，将所有象征吉祥、幸福的图案或符号雕刻在床上，使床成为精雕细琢的艺术珍品。

古代的床榻根据雕刻内容的不同，主要可以分为四大类：婚床、子孙床、福寿双全床和纳祥辟邪床。

一、婚　床

在传统的观念中，结婚是人生的大事，其意义在于传宗接代，使香火延绵不断。《礼记·中庸》中说："求子之道，造端乎夫妇。"因此，古人对于结婚十分重视。

结婚的礼仪以送入洞房为高潮，而洞房里的就寝之处是婚床。婚床不仅是男女合欢的地方，还是承载人伦礼教的器物，浓缩着使用者对生活的向往和美好祝愿，并且要符合当时的民俗风尚，诸如"床笫之事"必须严加保密。此外，婚床还是身份地位的象征，代表着一个家庭的脸面。因此，婚床的设计和制作都要求达到很高水平，往往雕饰得十分精美，并且尽可能采用隐蔽的围板式和拔步式。

古代婚床

婚床上的雕刻图案丰富多样，包括植物、动物和人物等，植物中以葡萄、石榴、桃、瓜等最为常见，动物以麒麟、凤凰、鹤等为主，人物则主要是和合二仙。这些图案都有着美好的寓意，祝愿新人百年好合，幸福美满，子孙绵延。

下面这张六柱五檐满金雕花大床是典型的婚床。此床是清代作品，保存在重庆巴渝民俗博物馆。床宽2.9米，高2.8米，装饰黄金200克，金碧辉煌，洋溢着祥和热烈的新婚气氛。床体由架子床和围廊组成。内有两层花罩，外有三层楣板。花罩上浮雕着44个佛手瓜，"佛"谐音"福"，44个佛手瓜象征"世世代代

■第二章 琳琅满目：丰富多彩的床榻类型

幸福延绵"。楣板上刻有老鼠吃葡萄的图案，寓意多子多福。檐板上雕刻着梅、兰、竹、菊"四君子"，并穿插寿桃、石榴、牡丹、蝙蝠、蝴蝶等吉祥图案。

六柱五檐满金雕花大床

又如下面这张清代和合二仙红木嵌骨架床。和合二仙，又称和合二圣，均蓬头笑面，一持荷花，一捧圆盒，谐音"和""合"，取和谐好合之意。和合二仙是唐代两位高僧寒山和拾得的化身，寒山也叫寒山子，居于浙江天台寒岩，喜好吟诗喝酒，与国清寺的僧人拾得是好友。拾得原本是一名孤儿，后来入天台山国清寺为僧。再后来，寒山与拾得移居苏州寒山寺，在雍正十一年（1733年）分别被封为和圣与合圣，象征夫妻和睦美满，受到民众的广泛欢迎。这张和合二仙红木嵌骨架床用黄杨木雕刻嵌于红木中的"和合"二仙，二仙的表情非常可爱，姿势生动形象，使整张婚床表现出和合之气。

清代和合二仙红木嵌骨架床

下图中的这张拔步床也是婚床。这张床产于江南江浙地区，是清代制品。床高大宽阔，制作精良。在床前端的四根柱子上，用阳雕彩绘镌刻着两副楹联，内容分别为"夫妻恩爱今宵得，金屋蝉娟人如玉""洞房欢笑夜如年，父母辛劳异日知"。在床的门楣和前后四块屏板上，用浮雕镌刻着各种图案，内容为民间流传的故事，如"负米养亲""乳姑奉亲""三娘教子"等，起到教化作用。整张床洋溢着热烈喜庆的新婚气氛，一看就知道是为新婚夫妇设计制作的。

江南拔步床

第二章 琳琅满目:丰富多彩的床榻类型

"鸾凤和鸣"婚床也很常见。"鸾凤和鸣"依据的吹箫引凤的典故。传说秦穆公有一个女儿,在她出生的时候有人献上了一块碧色美玉。秦穆公为女儿举行抓周仪式时,床上摆满了珍珠宝石,但女儿只抓那块碧色美玉,因而秦穆公给她取名叫弄玉。弄玉长大以后容貌倾世,善于吹箫,不用乐师指导就能自成音调,聪慧绝伦。秦穆公命匠人把那块碧色美玉做成玉箫,弄玉吹之,声音犹如凤鸣。秦穆公对弄玉宠爱有加,专门为她修建了一座"凤楼",楼前建有高台,名为"凤台"。秦穆公想要为女儿寻觅佳婿,弄玉说:"只有精通音律,能与我唱和的人,才配与我同楼。除此之外,我都不愿意。"秦穆公于是派人遍访国内通晓音律的人,却没有一个合适的人选。一天夜里,弄玉在"凤楼"上焚香吹箫,忽然从远方传来一阵和声,乐音美妙,袅袅不绝。当晚,弄玉就梦到一位英俊少年,此人家住华山,也喜欢吹箫,能与弄玉一起奏出美妙乐曲。第二天,弄玉把梦中情景告诉了父亲,秦穆公便派人到华山寻找和鸣之人。使者来到山上,果然见一俊美少年。使者问其姓名,少年回答:"姓萧名史。"于是,使者敬请萧史下山。秦穆公见萧史形容潇洒,已有几分欢喜,便让他吹奏一曲。萧史取出赤玉箫,开始吹奏起来。在他奏第一曲时,清风徐徐而来。在他奏第二曲时,彩云四合缭绕。在他奏第三曲时,只见白鹤成对,翔舞于空中;孔雀数双,栖集于林际。一时百鸟和鸣,过了很久才散去。这时,弄玉已在帘内窥见萧史,她见萧史果然异于常人,高兴地说:"这就是我的夫君!"当天正好是八月十五,天上月圆,萧史和弄玉便在这花好月圆之日于凤楼中成婚。婚后夫妻和睦,相亲相爱,生活十分美满。有一天，夫妻二人正在月下吹箫，忽然从天上飞来一龙一凤。紫凤停在了凤台左边，赤龙盘在了凤台右边，于是萧史乘赤龙，弄玉乘紫凤，双双翔云上天而去。后世以此为佳话，在婚床上雕刻鸾凤的图案，寓意好合万年。

下面的这张拔步床就是"鸾凤和鸣"婚床。此床是清代晚期作品，进深3.32米，宽2.14米，高2.42米。床有两进，一进和二进床面浮雕镏金戏曲人物像和瑞兽，色泽艳丽，充满喜气。床额的悬柱上雕刻凤凰和花卉图案。床前挂落为镏金双凤透雕，上写"鸾凤和鸣"四字，内屋床前上写"熊罴叶梦"，表现出对新婚夫妇的祝福。

清代晚期"鸾凤和鸣"拔步床

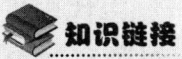

土家族婚床制作

土家族对婚床的制作十分讲究。请来的打婚床的木匠，必须是父母健在、儿女聪慧的"福人"。木匠打婚床之前，要选择良辰吉日去山上砍伐床枋木，所砍树木通常为枣树，寓意早生贵子；也砍柿子树，意为多儿多女；还可以砍柏香木，象征贵气；或者砍伐梨子木，这种树木也是打床的上等材料，意为"立志成人"，此外，梨子先开花后结果，并且花朵硕大洁白，果实味道甘甜，象征夫妻和美。土家族婚床长宽不离"六"，长6尺（1尺≈33.3厘米）6寸，宽4尺6寸，含"福禄"之意。婚床制作完成以后，木匠要向主人家说几句吉祥话，主人家为了讨得这几句话，要给木匠一些喜钱，还要赠送公鸡、围腰等礼品。

二、子孙床

古代床榻中有一类被称为"子孙床"，是专门为孩童准备的，这种床一般为"架子床"。子孙床给古代儿童成长提供了重要环境，因而古人非常注重对它的装饰。子孙床大多趋于朴素，外观雅致，往往雕刻文房四宝、梅兰菊竹等寓意美好的事物，寄寓对子孙的殷切期望。

子孙床上常见的图案是"五子登科"。五子登科讲的是五代时期窦禹钧的五个儿子先后中举的故事。窦禹钧是北周渔阳（今天津蓟州）人，才学出众，在地方颇有名气。他治家严谨，教子有方，五个儿子仪、俨、侃、偁、僖先后考取了进士。古代中进士也叫蟾宫折桂，后世称他的五个儿子为五桂。登科即科举及第（在封建社会有科举考试制度，故名）。《三字经》中说："窦燕山，有义方，教五子，名俱扬。"于是，五子登科成为封建社会教子有方、读书做官的代名词，频繁出现在雕花床上。如下面这张"五子登科"床，在该床的四块后围板上分别雕刻着"五""子""登""科"四字，整体造型生动古朴。值得一提的是，后围板可以随时拆卸，这种设计不仅具有实用性，而且包含美好的寓意：床"开后门"，意味着"子孙前途通达，不可限量"。长辈对于子孙的期许显露无疑。

"五子登科"床

有的子孙床上描绘和雕刻各种寓教于乐的图案，尤以人物故事居多，让床成为对儿童施教的一种工具。下图是一件典型的子孙床。这件床很小，是专门为儿童制作的。床的造型生动活泼，容易受到孩子喜爱。床上雕刻着品德、智慧等方面的内容，可见父母对孩子的良苦用心。

■ 第二章 琳琅满目：丰富多彩的床榻类型

儿童架子床

还有的子孙床上刻画着"百子图"，生机勃勃，活泼有趣。如下面的这张"百子百戏"描金床，此床是明末清初江浙地区的作品。从床的整体造型来看，既有明代架子床的风格，又有清代小开门床的特色。此床采用厚实的铁力木制作而成，框架结构沉稳。顶端有代表"一品诰命"的描金凤凰雕刻，说明床主人出身不凡。在黑漆底上用深雕、浮雕和阳雕等手法描金刻画着近百名儿童玩耍的画面，他们进行着80多种文娱体育活动，如跳绳、捉迷藏、踢毽子、踢足球、丢绢头等，形象逼真，富有童趣。整幅图画反映出古人对于子女体育的重视。

"百子百戏"描金床

三、福寿双全床

幸福安康、寿命绵长,自古以来就是人们的一种追求。这种追求也反映在床榻的雕刻图案上。

象征福禄寿祥的雕刻图案主要有蝙蝠、大象、梅花鹿、仙鹤、桃子等。这些事物都具有美好的寓意,如"蝠"谐音"福",表示幸福、幸运;"象"谐音"祥",意为吉祥如意;"鹿"谐音"禄",象征官运亨通、地位显赫;仙鹤和桃子有长寿的意思;等等。在床榻的图案中,不同的纹样往往组合在一起,留下耐人寻味的艺术造型和更为含蓄的寓意,比如蝙蝠和云纹交织,意为"福从天降";仙鹤和松树组合,意为"延年益寿"。

下面是某张拔步床的床楣顶部。从图上可以看到,最上方雕刻着硕果累累的葡萄藤蔓,其中镶嵌着一块六边形瓷片,瓷片上描绘着寿星人物图案。葡萄的果实成串多粒,象征子孙满堂,寿星则含有长寿之意。葡萄图案下方的花板上,雕刻着花草如意纹图案,寓意万事如意。

葡萄图案·寿星人物图案·花草如意纹图案

第二章 琳琅满目：丰富多彩的床榻类型

下图是一张拔步床的床围花罩，上面雕刻有缠枝花鸟纹藤蔓。本图案中的菊花意为"福寿"，藤蔓意为"绵长"，两相组合可以解读为"福寿绵长"。花板中间绘有"鸡冠花下鸡观光图"，表示"官上加官"。

含多重寓意的缠枝花鸟纹藤蔓

也有一些床的图案是通过人物故事来表达美好向往的。在传世的明清床榻的主要雕花板上，常常可以看到"郭子仪拜寿"图。郭子仪是唐代的一员大将，以武举累官至天德军节度使兼九原太守。安史之乱时，他正担任朔方节度使。在平定叛乱的过程中，郭子仪立下了汗马功劳。安史之乱平定以后，郭子仪因功升任中书令，后来又被封为汾阳王。在戏剧和民间传说中，郭子仪有七个儿子、八个女婿，他们都在朝廷为官。其中有个儿子叫郭暧，是当朝驸马。每当郭子仪过生日的时候，他的儿子和女婿们都到汾阳府里为他贺寿，上朝的牙笏摆满了一床。而且，郭子仪健康长寿，活到了84岁。当时的人们羡慕他高官厚禄，子孙满堂，长寿富贵，都称颂他"大富贵亦寿考"。正因如此，郭子仪常常出现在民间的雕花大床上，象征着人们对多子、多福、长寿的美好憧憬。

除了以局部雕刻纹饰表现对福寿双全的崇尚外，有时床的主人也从床的整体造型来反映自己的渴求，如下面这座官帽床。此床采用浮雕、圆雕、镂雕等多种雕刻方式，所雕图案多种多样，有凤凰、麒麟、蝙蝠、喜鹊、松鹤、牡丹、蝴蝶、千里马等，表现出床主人对美好婚姻的期待、对功名利禄的向往，以及对福寿无双的追求等。

清代官帽床

四、纳祥辟邪床

"纳祥辟邪"也是床榻图案表现的主要思想之一。明清时期，床榻的制作者充分运用谐音、比拟等手法，将寓意吉祥并具有辟邪作用的动植物或者仙人、器物等图案雕刻在自己的作品上，形成了丰富多彩、含有民俗韵味的珍贵艺术品。

■第二章 琳琅满目：丰富多彩的床榻类型

床榻上常见的纳祥辟邪图案主要有凤凰、草龙、狮子、雀梅、八宝等纹样。

下面是一张雕草龙大开门红木床。龙是我国古代传说中的一种神异动物，有鳞角须爪，可以兴云作雨。古代皇帝常以龙自居，自称"真龙天子"，龙于是成为皇帝的专属象征，尤其是四爪和五爪的龙，而普通百姓是不能随意在床榻等家具或者建筑上使用龙的形象的，如果僭越的话，就会招来杀身之祸。但龙作为一种祥瑞动物，具有辟邪的功能，人们自然希望借助其神力驱除邪恶。虽然不能越制，但可以对龙进行改造，来满足自己的需求，于是出现了各种各样的变形"草龙"，如有翼的应龙、有角的虬龙、有鳞的蛟龙、无角的螭龙，以及将龙形抽象化的拐子龙（龙头简化，龙身为回纹和卷草纹的结合体）等。下图这张红木大开门床是清代作品，床面上立有四柱，门面雕花板大而厚。床上用红木透雕两条草龙，龙头向下，龙身衍化为卷草。两条草龙互相缠绕，看起来灵动、大气。

清代雕草龙大开门红木床

又如下面这张喜上梅梢架子床。该床为清代文物,用质感很强的酸枝木制作而成。床的四角没有腿足,用床屉和床柜进行支撑。床正面的门罩上透雕喜鹊松竹梅纹。喜鹊在我国民间被视为一种报喜的灵鸟,能感应和预兆吉祥喜庆的来临;"梅"与"眉"同音,喜鹊登上梅枝表示"喜上眉梢",大吉大喜之意显而易见。

酸枝木喜上梅梢架子床

再看下面这张清式"八仙过海"彩绘围板床。床门面的金粉画是"八仙过海"图。八仙是我国民间传说中广为流传的道教八位神仙,他们在唐、宋、元、明的文学作品中常常出现,不过其姓名并不固定。明代时,吴元泰在《八仙出处东游记传》中将八仙定型,他们分别是铁拐李、汉钟离、吕洞宾、张果老、蓝采和、何仙姑、韩湘子和曹国舅。这八位神仙斩妖驱邪,锄恶扬善,为民间百姓做了很多好事。民间常将他们的形象雕刻或者描绘在家具上,祝颂长寿,驱邪保平安。这张围板床门面所绘"八仙过海"就凝聚了床主人对美好生活的追求。

■ 第二章 琳琅满目：丰富多彩的床榻类型

清式"八仙过海"彩绘围板床

八仙所执器物亦是祥瑞之物，具有纳吉辟邪作用。例如，铁拐李的葫芦能救济众生，旺运纳福；汉钟离的扇子能镇煞驱邪；张果老的鱼鼓能占卜人生；何仙姑的荷花可使人长生；蓝采和的花篮能让人长寿；吕洞宾的宝剑能镇邪驱魔；韩湘子的笛子可使万物滋润生长；曹国舅的阴阳板能让人起死回生。民间所用家具常用八仙法器做图案，而不直接出现八仙，称为"暗八仙"。暗八仙充满祥瑞正气，能够镇住群魔，佑护床主人一生平安。下图为某一架子床的束腰部分，可以看到，上面雕刻着葫芦和鱼鼓图案。

葫芦和鱼鼓纹样，寓意福禄长寿

第三节　供不同人群使用的床

古代床榻按照使用对象的不同，也可以划分为不同的种类，如皇帝使用的床称为龙床，千金小姐使用的床称为小姐床，文人使用的床称为文人床。不同群体和阶级使用的床，不仅样式有别，风格也大不相同。皇帝的用床高贵奢华，体现着其至高无上的地位；小姐的用床端庄中透露着活泼，与其身份和年龄相得益彰；文人床则往往比较雅致，带着浓厚的文艺气息。

一、龙　床

龙床是帝王所用的床榻。历代以来，在所有的雕花大床中，龙床都是最为华丽和精美的。

龙床也称御床。早期的御床兼具坐卧的功能，后来发展为专门的卧具。明清以前，历代龙床的具体样式已经无法考证，但通过诸多文献记载可以看到那时的龙床也是极为华贵的。

《世本》曰："纣作玉床。"纣是商朝的最后一位君主，他在位时骄奢淫逸，役使百姓修造鹿台，聚集珍宝，终日在宫内饮酒作乐。据说他命人制作了一张玉床。虽然玉床没有实物传世，

■第二章 琳琅满目：丰富多彩的床榻类型

但是通过汉代的金缕玉衣，仍可以想象"纣作玉床"的奢侈。西汉时出现了一种用珠、玉等贵重物品做装饰的"七宝龙床"。《西京杂记》记载："武帝为七宝床、杂宝案、七宝屏风、列宝帐设于桂宫，时人谓之四宝宫。"汉武帝以七宝床、杂宝案、七宝屏风、列宝帐来显示皇家威严。七宝是佛家用语，关于其代指的内容，佛经中说法不一：《般若经》以金、银、琉璃、砗磲、玛瑙、琥珀、珊瑚为七宝；《法华经》以金、银、琉璃、玛瑙、珍珠、玫瑰、砗磲为七宝。后来，凡是用珍宝装饰的床，都称为七宝床。东晋十六国时期，后赵皇帝石虎的御床极为宽大，且设有机关可以供其射猎。《邺中记》中说："石虎御床，辟方三丈，其余床皆局脚（坐榻下安装的曲折形高脚）高下六尺。后宫别院中有小型玉床，又有转关床射鸟兽。"唐代苏鹗《杜阳杂编》中载有见龙床，其文曰："飞龙卫士韩志和，本倭国人也。善雕木作鸾鹤鸦鹊之状，饮啄动静，与真无异。……志和更雕踏床，高数尺，其上饰之以金银彩绘，谓之见龙床。置之则不见龙形，踏之则鳞须爪牙俱出。及始进，上以足履之，而龙夭矫若得云雨，上怖畏，遂令撤去。"踏床即脚踏，是坐时搁脚的小几。踏床尚且精美绝伦，更不用说龙床了。宋代御床也很奢侈，《东京梦华录》中说："三月一日开金明池，池西有仙桥，桥尽处有五殿在池中心，大殿中坐，各设御幄，朱漆明金龙床，不禁游人。"

目前保存下来的龙床实物主要是明清时期的作品。在故宫养心殿中就可以看到龙床。养心殿始建于明代嘉靖年间，位于内廷乾清宫西侧。从明代到清代前期，乾清宫一直是皇帝的寝宫。康熙皇帝去世以后，雍正帝为了表示守孝，没有入住乾清宫，而是居住在养心殿。此后的历任皇帝就都以养心殿为寝宫。养心殿的东梢间是皇帝的寝室，正面为炕床，即所谓的"龙床"。龙床上方挂着慈禧太后亲笔书写的"又日新"匾额，意为自身的修养要日有进步。龙床前设有床踏，外面是紫檀木镂空雕花的通顶木床罩，整体镶嵌玻璃水银镜，床罩内是细绣精织的丝罗帐幔，上绘花树人物、亭台楼阁、百子彩画、祥云福寿等纹饰，床上有被褥、大红毡、明黄毯等用品。

养心殿里的龙床

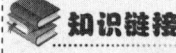

乾清宫的 27 张床

乾清宫是明代皇帝的寝宫，嘉靖皇帝在乾清宫居住时，曾在那里放置27张床。明代大臣张合《宙载》中写道："（乾清宫）凡九间，有上有下，上下共置床二十七张，天子随时居寝。"乾清宫是皇帝的住所，其他人是无法轻易进入的，因而乾清宫内部的摆设鲜为人知。那么，张合是怎么知道的呢？这与后世传说的一场宫变有关。

嘉靖皇帝痴迷于道家的长生不老之术，听说早晨饮露水有助于修仙炼道，因而就命令宫女每天早上去采露水给自己喝，很多宫女因此被累倒。忍无可忍之下，她们决定杀死嘉靖皇帝。一天晚上，几名宫女偷偷溜进乾清宫，想要用绳子勒死嘉靖皇帝，没想到慌忙中出了差错。一名宫女心里害怕，跑出去把这件事告诉了皇后，嘉靖皇帝这才捡回一条命。这件事轰动了朝野。张合作为刑部官员，受命审理这次案件，因此得以进入乾清宫，并了解到乾清宫内摆放着27张床。

据张合描述，乾清宫有上下两层楼9个房间，每个房间摆设3张床，共27张床。

二、小姐床

"小姐"是明清时期人们对家境富裕、有一定身份或地位的人家的未婚少女的称谓，而对于那些门第较高的小姐则称为"千金小姐"。在礼教森严的等级社会里，小姐们的一举一动无不受到礼制的制约，如"行不摆裙""目不旁视""笑不露齿"等。当然，小姐的床也要严格遵守礼教的要求。

小姐是封建时代少女道德行为规范的楷模，她们端庄、贤惠的一面在其生活的重要区域——床上有着明显的体现。此外，小姐也是受过知识熏陶、有素养有内涵、风华正茂的少女,其聪慧和活泼的个性势必在其贴身伙伴——床身上得到印证。如此一来,小姐床就显得格外精彩。

下图是一张千金小姐拔步床。该床为典型的清代风格,是江浙一带的作品。床以朱红色为底色,采用贴金箔、嵌螺钿、彩绘等工艺手法,高浮雕雕刻《琵琶记》中的人物故事。《琵琶记》是元代的戏曲作品,讲述了汉代书生蔡伯喈和妻子赵五娘悲欢离合的爱情故事。在作品中,蔡伯喈被塑造为全忠全孝的典范,而赵五娘是一个典型的贤孝妇形象。故事宣扬的是封建妇道,再结合床的尺寸和造型,很容易让人判断出床的主人是一位受礼教熏陶、知书达理、循规蹈矩的千金小姐。

朱红千金小姐拔步床

又如下面这张有窗式描金小姐床。此床的气质要逊色于前面那张千金小姐拔步床。床呈大红色,并在基色上加以厚实的描金,显现出比较通俗的豪富之气。不过,此床给人的感觉更为活泼,不像前面的拔步床那样含蓄、节制。在这张有窗式描金床上刻画着许多舞动龙灯的人物，场面热闹喜庆；床上可以自由开合的排窗表现出床主人对美好生活的热切企望和向往，床后面的一排搁几里专门用来放置私人用品的抽屉则显示着小姐对生活的希冀与信心。整张床洋溢着热烈的气氛，显得生机勃勃。

有窗式描金小姐床

三、文人床

文人床是极具特色的一种床，它反映着古代文人的兴趣爱好，也承载着文人们的精神、思想。

古代的文人喜欢吟诗作对，常常将自己喜爱的诗文、楹联题写在床上。如在下面这张床的正上方，用骨嵌手法题写着一副描写床的绝佳楹联："只因梦切想周公，不是禅昏思幸我。"作者为什么迫不及待地想要见到周公呢？结合楹联内容和相关典故，可以知道作者是因为报国无门，所以希望早日见到能发现和任用贤才的周公，以便施展自己的宏伟抱负。作者在床上刻下这样的诗句，不仅表达了自己怀才不遇的苦闷和希望有所作为的心声，而且指明了床可以助人美梦的特殊功能，不得不说意味悠长。

文人楹联床（一）

与上述床上的楹联表现的郁闷截然不同，下面这张床上的楹联流露出春风得意之感。作者以从容旷达的心态写道："锦纯诗句枕边得，昌世文章醒后求。"此对联将床的作用美化为"锦纯诗句"和"昌世文章"的发祥地，虽显得夸张，但也并非没有道理。古代的许多诗人都曾在卧榻上吟诗作文，并有不少佳作传世。关于此，我们后面也会稍稍提及。

文人楹联床（二）

除了对联和诗文，文人床上还雕刻着一些历史故事、神话传说等内容，如下面的这张拔步床。该床上描绘着封神榜的主要故事情节。其中，姜尚钓鱼、西伯请姜尚出山等图画栩栩如生，表现出床主人对历史故事的痴迷，也反映了封神榜的文化含量已经渗透到人们的梦中。

《封神榜》文人床

另外，琴棋书画、梅兰竹菊等图案也是文人床的标志。

第四节　其他种类的床榻

一、漆　床

漆床，即采用漆艺制成的一种床榻。这种床往往彩绘，看起来华丽精美。漆床的历史十分悠久，可以追溯到战国时代。

目前,漆床已有实物出土。2000年,考古学家在四川成都市区商业街发现了一座战国时期古蜀国墓葬遗址,即商业街船棺墓。在这座墓葬中,发掘了数百件漆木器,其中包括两件漆床,只不过出土的时候已经残损。2018年,考古工作者经过多年努力,将这两件漆床修复完整。修复之后的漆床,是我国迄今为止发现的年代最早、结构最完整的漆床。两件漆床中,形体较大的那一件长2.55米,宽1.3米,高1.8米;形体较小的那一件长1.95米,宽1米。两件床均通体髹黑漆,床身用朱、赭两色绘制着精美的回首状龙纹和蟠螭纹,显示出墓主的尊贵身份。

商业街船棺墓中的两件漆床

漆床在文献资料中也有诸多记载。谢和耐《南宋社会生活史》指出:"床铺则以各种木料制成,几块木板凑合放在雕刻精美的床架上,三面围以挂着图画的隔板。富人家中的家具多漆以乌漆,尤其是床铺。天圣七年(1029)的敕令,记载红漆床只供皇上使用。"漆床在南宋时专供皇室之用,可见其珍贵和奢华。

漆床中,以宋元断纹小漆床最为有名。明末文震亨《长物志·卷六·床》中说:"(床)以宋元断纹小漆床为第一,次则内府所制独眠床,又次则小木出高手匠作者,亦自可用。永嘉、粤东有榻者,舟中携带亦便。若竹床及飘檐、拔步、彩绘、刻字、回纹等式俱俗。近有以柏木琢细如竹者,甚精,宜闺阁及小斋中。"这段文字中所说的"小漆"意为"精细的漆工艺",而"小木出高手匠作者"指的是榉木、黄花梨等硬木制品。漆工艺是一种手段,一种艺术的载体,它能够充分运用各种工艺表现方式。以漆工艺制造的床榻可以描绘出丰富多彩的内容,如罗汉床的围板上往往用彩绘、线勾、描金、戗金等工艺表现整套的人物传奇故事、楼台亭阁和山水花鸟等。而硬木床只能采用木雕方式,其表现画面的精准度和复杂度等能力远远比不上漆床。因此,文震亨推"小漆床"为第一也就可以理解了。

二、贵妃榻

贵妃榻又称美人榻,在江南一带也叫小姐榻,是古时专供贵族小姐或者妇女休息所用的榻。贵妃榻多由红木制成,一般安放在闺房或亭榭间。

贵妃榻

这种榻后有靠背,一侧有枕,榻面较狭小,制作精良,形态优美,是榻中极为秀美的一种。其用料也十分讲究,榻上的彩绘雕刻雍容华贵。

贵妃榻在明清时期使用广泛,呈现出精细打磨的技法,这主要体现在对扶手、围栏和腿足的雕花上。榻上的雕花以龙纹透雕最为流行,这可能源自中华民族对龙图腾的膜拜。贵妃榻对牙板和腿足的细节设计尤为重视,追求精益求精,不管是直腿还是弯腿,都要雕琢花草图案。榻体一般为平板和按摩板,形体较大。有的贵妃榻为单翘头、尾部上卷设计,瑞草卷珠外翻球式直腿,透雕牙条采用拐子纹卷草图案,围栏采用二龙戏珠穿云喷水透雕图案,看起来十分恢宏。有的贵妃榻则为双翘头设计,头部略高,插肩直腿,侧面有管脚枨,中部牙条为透雕拐纹,牙头用浮雕相称,围栏采用屏风式透雕拐纹,榻面纹理介于平面和按摩面之间,看起来尤为珍贵。

下图是一件清代红木雕福寿纹美人榻。榻长194厘米,宽78厘米,高64厘米。榻面为攒框镶板,后背为皇冠状,镂雕蝙蝠、如意、花卉、寿字等纹样。榻面一侧倾斜,边沿向外翻卷,另一侧扶手位置设有靠枕。腿足为三弯式,外翻回纹。

清代红木雕福寿纹美人榻

三、板床和板榻

板床和板榻是既没有架子又没有靠背的一种坐卧具。板床流行于普通平民家庭，造型结构比较简单，一般采用大边出头加横枨的平面形式，床下安装立柱，柱子之间用直枨相连，有的正面做成间隔的壸门洞，有的在床下做出隔层，就像后来的床柜。床面一般髹红漆，有的也雕有简洁的装饰。床上设有竹木屉，屉上有席、苫。板床的用料主要是一般的木材，少数会采用榆木、榉木等相对优良的木料。一床一柜构成了居室家具的基本组合。板床直到现代还在民间广泛使用，是民用家具的主要形式。

板榻的制作则有雅俗的分别：高雅的板榻对用料和制作要求严格，不仅用料好、做工细，而且造型结构具有特色，如有的板榻以华贵繁缛为尚，有的板榻以古拙质朴为美，还有的板榻以轻巧别致见长。普通百姓使用的板榻更加注重实用性，造型结构简便易行，如北方常见的石榻和南方流行的竹榻、交脚榻等。主要使用土炕的北方地区还把炕当作榻使用，平时吃饭、待客或者做手工活等都在炕上进行，炕几、炕桌等名称由此而来。

四、凉　榻

凉榻是古代的一种坐卧类家具，属于榻的一种，因为多数没有围栏，所以也叫作"四面床"。凉榻大多由木料制成，榻面为长方形，一般比床要低矮和狭窄些。凉榻在早期是一种专门的坐具，因搬运方便、具有提供临时休息的作用，而得到大量使用，后来也作为卧具供人躺卧。

凉榻出现的时间比较晚，在明清时期十分流行。凉榻在不同的时代，样式和风格各不相同，但都方便实用。

凉　榻

下图是一张流行于清中期的楠木竹节凉榻，在凉榻中颇有代表性。此榻长192厘米，宽70厘米，高52厘米，通体用竹节做工，造型简练，比例完美。榻身带有束腰，下设罗锅枨加矮老，雕刻花卉纹样，给人以素雅的感觉。

清中期楠木竹节凉榻

五、二宜床

我国大部分地区处于北温带，四季变化比较明显，寒暑温差大。为了适应气候的变化，聪明的工匠发明制作了冬夏皆宜的二宜床。明代高濂在《雅尚斋遵生八笺》卷八中对二宜床的形制进行了介绍：

二宜床，式如常制凉床，少阔一尺，长五寸，方柱四立，覆顶当做成一扇阔板，不令有缝。三面矮屏，高一尺二寸作栏。以布漆画梅，或葱粉洒金亦可，下用密穿棕簟，夏月内张无漏帐，四通凉风，使屏少护汗体，且蚊蚋虫蚁无隙可入。冬月，三面并前两头作木格七扇，糊以布骨纸面，先分格数凿孔，俟装纸格以御寒气。

二宜床既适合在冬天使用，也适合在夏天使用。这种床有四柱顶板，三面矮屏和围栏，栏以布漆画梅花，或洒金沥粉。夏天时可以张挂蚊帐，冬天时三面安装木格扇，上面糊纸，使床像房屋一样可以御寒。在南方的雕花床中可以看到二宜床的痕迹，床上有柱和顶板，柱与柱之间设置围栏，不同的是已经从布漆画梅花、沥粉洒金发展为雕刻金漆的木雕大床。

六、屋　床

屋床，顾名思义，就是结构类似房屋的床。从整体造型来看，屋床比架子床要复杂，但它也不属于拔步床，应该是介于两者之间的一种床式。屋床的形制特点可以从上海博物馆里收藏的明初陶绿釉屋床窥见一斑：

这件屋床由三部分组成，床前为廊柱，上面有斗拱，下面为鼓形石础。此床面阔三间，进深两间，是宋元时期常见的殿堂结构形式。床面以下采用宋元时期常见的须弥座形式。正面有三足，装饰采用如意云头图案，牙条上雕饰缠枝卷叶纹，高束腰上设二柱分格，柱间有海棠式透孔，并镂雕缠枝卷叶纹。床面以上部位，皆采用格子窗做床围。立面上端有楣子，下端安装角牙子。此床可以形象地称为"有束腰安窗棂子的架子床"。

七、床　柜

床柜是清代床榻中比较新奇的一种，形体大小与榻类似。其做法是先做成相当于床面长、宽、高度的上开盖柜，然后安装三面可以装卸的床围。柜子里可以放置毡毯被褥。床柜在白天可以作为榻用来待客，晚上可以用作卧具，供人睡觉。

清代床柜

第三章

各有特色：不同地域和民族的床榻

第一节　不同地域的床榻

一、苏作床

苏州是我国古典家具产量较多、比较有名的产区。苏州制作的家具统称为苏作家具，也叫苏式家具。

苏作家具与广作家具、京作家具齐名，历来有"三作"之称，它们分别代表本地区的风格特点。苏式家具的形成时间较早，在15世纪中期就已经起步。据文献记载，明代万历年间苏州就已经成为商贸大都会。苏州的富庶和繁荣，使其成为当时手工业最发达的地区，并为家具的制作提供了坚实的基础。举世闻名的明式家具就以苏式家具为代表。明代苏式家具格调简练、大方，线条流畅，造型优美，比例适中，精于用材。

苏式家具的风格和特征在床榻上有着鲜明的体现。苏作床榻可分为两种风格：一种是简练型，另一种是秾华型。

苏作架子床

简练型是指通体光素，不做任何雕刻。这种风格的床榻一般采用黄花梨木制作，因为黄花梨木纹理天然，本身就艳丽美观，若是做太多雕刻，会破坏天然纹理的自然特点。另外，如果进行雕刻的话，木质纹理的干扰也会在很大程度上影响雕刻图案的艺术效果。在故宫博物院中收藏有一件苏州出产的黄花梨独板围子罗汉床，此床为明代作品，有典型的简练型风格。床长218.5厘米，宽114厘米，高79厘米。床面编藤屉，床面下有束腰，束腰下有壶门行牙板，壶门牙板中有透雕灵芝纹分心花。床腿做成鼓腿膨牙大挖马蹄。床的独特之处主要体现在围子上。床围不用攒框镶心，而是用三块通长的整板做成。后背略高，两端做出梯形肩。扶手高度低于背板，前端也做出肩膀，并将拐角做成软弯形式。整张床通体无饰，简洁素雅，充分显示出了明代苏作家具的美感。

明代黄花梨独板围子罗汉床

称华型是指床体上有着繁密的雕刻和攒斗装饰。这种风格的床榻以故宫博物院收藏的明代黄花梨木月洞门架子床为典型代表。黄花梨木月洞门架子床是苏作床具的上乘精品，由床屉、床围、立柱、月洞门、倒挂牙子和床顶等部分组成。床面长247.5厘米，宽187.5厘米，通高227厘米。床上有4根立柱，柱与柱之间设有床围，顶部为装有楣板的承尘，前面则做成月亮门洞，是架子床中制作较为复杂的一种。此床门罩分三扇拼成，上半为一扇，下半左右各一扇，连同床围和顶盖的挂檐都用小块木料雕刻成四簇如意云纹，其间加十字构件攒成透棂，寓意"四合如意"，在前面中部留出椭圆形月洞门，图案紧密精致，按照相同的四方连续图案排列其间，看起来醒目匀称，毫无烦琐之感。床屉用棕绳作底，上铺花眼藤席。床面下采用高束腰形式，束腰正面用竹节式矮老分出五格，侧面三格，中间嵌装绦环板，浮雕花鸟纹，图案皆不相同。束腰下承托腮。四面牙板和腿足做成壸门状。牙子雕饰草龙和缠枝花卉。挂檐的牙条雕刻云龙纹。腿足为三弯式，云纹内翻马蹄。这件架子床整体制作精巧别致，雕饰典雅华贵，从做工和风格来看，属于苏作床榻品类中的豪华型，是苏作床具的上乘精品。

明代黄花梨木月洞门架子床

二、广作床

广式家具是指以广州地区为中心生产的家具，是清代家具的主要代表。广式家具起源较早，在宋代之后，肇庆、佛山等地就有以螺钿和红木为主的家具生产用于商用和出口，如1603年就有床、桌、椅等家具出口到马尼拉。广州由于优越的地理位置，历来是我国海外贸易的重要港口，是和印度、缅甸、阿拉伯等海外国家和地区进行贸易往来的主要门户。明末清初，西方的传教士经由澳门大量进入广州，然后进入中国内地，他们以传播欧洲科学文化为手段传播天主教，其中的一些先进科学知识和西方文化，对中国经济、文化的发展起到了促进作用。尤其是广东地区，处在门户开放的前列，中西方文化在这里发生大规模的碰撞、吸收与融合；一直到清代中期，商业机构的建筑主要仿照西洋形式，民居和官府也多进行效仿，形成了一股前所未有的"西洋热"，和建筑相适应的家具，也渐渐形成时代所需的新款式。正是在这样的背景下，用料粗大、体质厚重、雕刻繁复的广式家具流行起来，成为一种风尚，并对我国原有的传统家具式样产生了巨大冲击。

广式家具以红木为主要材料。红木在广东叫作"酸枝"，红木家具也称"酸枝家具"。酸枝家具的主要品种有床、桌、凳、椅等。广式床的类型包括架子床、罗汉床等。

下面是一张清代酸枝木雕龙纹架子床。床面上设6根立柱，下面安床围，上有床顶、床楣、毗卢帽和倒挂牙子。床体由酸枝木制成，采用镂雕、圆雕、高浮雕等工艺，通体装饰云纹和龙纹，图案生动逼真。藤心床面，束腰下承托腮，内翻马蹄。整张床用材厚重，做工精细，表现出高超的艺术水平。

清代酸枝木雕龙纹架子床

罗汉床中具有代表性的是酸枝镶石嵌螺钿五围屏罗汉床。床面上安装五屏式床围，三面床围各式开光共嵌9块云纹大理石。面下有束腰，壶门式如意头云纹牙条，牙条中嵌花鸟螺钿分心花。鼓腿膨牙，四脚三弯式外翻云纹足。除了面心以外，其他部分平嵌各式花草纹螺钿做装饰，线脚大多嵌点片式螺钿，看面大都嵌折枝花鸟纹螺钿。这张罗汉床的酸枝材质和螺钿装饰相得益彰，使整个床体显得雍容大气而不失雅致，光彩夺目而不失稳重，具有鲜明的清代广式家具风格。

清代酸枝镶石嵌螺钿五围屏罗汉床

三、宁波床

浙江宁波是我国东南沿海的一个重要港口，在清末上海港崛起之前，一直是我国东南沿海对外贸易的最大口岸。19 世纪中叶，鸦片战争结束以后，宁波被辟为"五口通商"口岸之一，逐渐半殖民地化，商业贸易获得飞速发展，金融事业随之兴起。

经济的兴盛也推动了手工业发展。历史悠久的漆器制作和朱金木雕等传统工艺，为宁波家具的发展和繁荣提供了便利，尤其是在床的制作方面。

宁波床的种类有很多，主要可以分为晾床、架子床、千工床等。

宁式嵌骨架子床

晾床是指能在帐架子之外套罩蚊帐，并且帐子前方设有装饰性很强的挂面的架子床。"晾"，顾名思义是指能通风透气，因此，有些地区称晾床为凉床。晾床根据制作工艺和装饰的简繁，分为三弯、七弯、八弯、九弯等类型。"弯"即床挂面上弯道线条的多少，弯道越多，装饰就越复杂，就越能说明制作工艺的精湛。宁式晾床主要为统弯、三弯和七弯，床的体积大小不一，既有供双人睡卧的大床，也有供单人睡眠的床。

架子床是床身上架设四杆、四柱的床。架子床的式样很多，有的在两端与背面安装三面栏杆，有的迎面设置门罩，还有的在前面安置踏步并加设门罩等。架子床的装饰较为丰富，常用寓意吉祥的民间传说和历史故事做题材，表达多子多福、和谐平安的意愿。

清初朱漆描金雕花架子床

千工床是宁波床中最典型的一种，也是装饰最华丽的一种。所谓"千工"，是指床需要一名工匠花费一千天才能完成，足见床的制作工艺极为复杂和烦琐。宁波千工床是典型的拔步床，通常分为前后两部分，前部分为踏步，是床沿前的小平台，踏板距离地面15~20厘米，深80厘米左右，宽约200厘米。踏步前有

■第三章 各有特色：不同地域和民族的床榻

的为八字式挂面，装有雕花柱架、挂落、倚栏、飘檐花罩，上面为卷篷顶，右侧放置一只二斗二门小橱，上面有钟、花瓶、茶具、灯台、帽筒、镜箱等物件，左侧放有一只马桶箱。后半部为床体，除了加设一道雕花门罩、垂带以及遮枕外，床内还置有角橱、钱箱、点心盒、书架搁板、防身器具等，其深度在1.5~2米。床的三面设有可以拆装的彩绘或雕刻屏风。值得注意的是，床外围还有走道，称为"巡更弄"式雕床，只是现在没有实物传世。这种踏步式架子床不仅冬暖夏凉，而且在室内塑造出一个具有多种功能、隐私性很强的起居空间，可以称为屋中之屋。

宁式千工床

千工床是典型的豪华婚床，其所用木料大多质地细腻、纹理优美、气味芬芳，具有防腐、防潮和防虫等作用，如樟木、梓木、杉木、楠木、松木等。宁波人对千工床十分重视，每张床都要进行雕饰，并且常常将镶嵌、螺钿和朱金雕刻相结合。木雕的吉子花是千工床装饰上的主要特色，而且吉子的形状多样，内涵不同，极富艺术感染力。

较著名的宁式千工床珍藏在浙江省博物馆和宁波市博物馆里。这种床均由红木制成，采用的是"骨木镶嵌"工艺，镶嵌物中还使用了象牙，如宁波博物馆里珍藏的婚床第一层挂面是一幅"状元及第图"，采用红木高嵌象牙制成，极为珍贵。朱金木雕大床可以在宁波保国寺博物馆和宁海等地见到，这种床错彩镂金，绚烂富丽，摄人心魄。其历史比骨木镶嵌的千工床要久远，大多制作于清代道光以前。

清代朱金木雕千工床（宁海十里红妆博物馆收藏）

四、川作床

四川一带出产的家具总称川作家具。床类家具是川作家具中的大件和一个重要的门类，它不仅是供人休息睡眠使用的家具，还集中体现了当时四川地区的社会风俗，使用者的身份地位、修养爱好以及生活观念等。

川作床类家具可以分为三种：罗汉床、架子床和拔步床。其中，架子床和拔步床使用广泛，它们俗称"大花床"。这里主要介绍川作架子床和拔步床。

1. 架子床

架子床是川作民间使用最多的一种床。架子床由床顶架、床围栏和床座三部分组成。床顶架一般包括飘檐、楣板、花罩等部件，造型变化多样，主要装饰手法为雕刻，有浮雕、透雕和阴刻等，是整张床最吸引人的地方。床围栏设于床柱之间，是床的围合构件，一般采用比较通透的形式，如六角纹或直棂式。床座由床屉和床足构成。床足为用料粗硕的长方形直足，直接与床梃边抹结合，整体光素，没有束腰，不加装饰。床足与床足之间用木材制成垂裙式，垂裙式构件只起到加固床身和装饰的作用，下面不设抽屉。架子床上可以挂帐，在潮湿多雨的四川，架子床十分实用，冬天可以保温，夏天可以防蚊蝇，能够让人安然入寝。

下图是一件四柱式架子床，正面安装门罩，门罩由一块横向花板和两块竖向花板拼成，横向花板和竖向花板之间采用水平的凹凸榫连接。门罩上雕满浅浮雕，根据起位高低可以分为上下两层，两层图案相互重叠，层次分明。起位较低的浮雕刻的是葡萄藤，纹样布满门罩。起位较高的浮雕主要分布在门罩上方的中央及两角，雕刻的纹样既具有四川地域特色，又体现出了西方装饰艺术的风格。门罩内沿浮雕一圈连珠纹，外沿起一圈较宽的阳线，阳线上以相同距离阴刻褶纹，使曲线看起来更柔软。门罩上部用料硕大，中间低垂。整个形态就像一张戏台幕布。床顶上方设有飘檐，飘檐稍微向前方倾斜。飘檐上的纹样大致与门罩相同，形成和谐统一、相互映照的效果。床身三面安装围栏。后侧围栏由两块方形板与 12 根直棂组成，每四根直棂之间装设一块阴雕折枝花卉的方形板。围栏有两个特别之处：一是直棂垂直方向的面同床框边沿构呈 45° 角，换句话说就是直棂的截面是菱形而不是方形；二是两侧围栏有内外两层，内层与后侧围栏一样，由雕刻花板和直棂组成，外层则等距离排列着花瓶状板件。从侧面看，花瓶状板件恰好穿插在两根直棂之间的空隙里。床框和床足用料粗硕，可以使床体保持坚固和稳定。床下采用封闭形式，正、侧面均分段嵌装装饰板件，板上阴刻折枝花卉。床框边抹没有槽眼。

川作葡萄藤纹雕花架子床

2. 拔步床

川作拔步床是宁作拔步床传入四川后，结合当地家具风格逐渐形成的一种床式。川作拔步床的围廊正立面主要由花罩、围屏、楣板构成，侧立面主要由窗棂、围屏、楣板构成。围廊的装饰集中分布在这些围合构件上，装饰手法多种多样，有的采用浮雕，有的采用镂雕，还有的髹描涂画。围廊正面的花罩也叫外花罩，对这一部分的装饰是整张拔步床中最豪华富丽的部分，同时，花罩是每张拔步床独特的标志。花罩的样式比较丰富，主要有方形、月洞形等。

下面是一张川作大漆描金拔步床。此床由前面的廊庑和后面的架子床两部分构成。廊庑正面的花罩和楣板为一木连做，雕刻部位采用的是铲地浮雕，花罩与楣板之间起一条阳线将两者隔开。花罩沿边装饰一道连珠纹，两侧雕刻"老鼠偷葡萄"图案，葡萄藤枝叶繁茂，老鼠仰头似乎要咬葡萄，画面形象生动，寓意子孙兴旺。花罩两侧分别有一个圆形开光，上面雕刻的内容和楣板相同，都是挑担、放牛等日常生活图案。花罩下面的围屏分段嵌装三块绦环板，上面的绦环板刻着一对凤凰，雌凤凰昂首起舞，雄凤凰回首顾盼；中间的绦环板大委角方形中套嵌一个小委角方形，外层雕刻缠枝花卉纹样，内层雕刻"麟凤呈祥"图案；下面的绦环板上雕刻缠枝纹，最下方镂镂出很小的一段开光。因为年代久远，左边中间绦环板上出现了一条竖直裂纹。廊庑的踏板下共有五足，正面有三足，每两足之间装设弧形牙板，线形流畅。廊庑侧面由飘檐、楣板、窗棂、围屏四部分组成。飘檐为一块弧形素板，下设壶门形开光。窗棂由三个套嵌的委角长方形框组成，框与框之间用内外两层牙子相连，窗棂的虚空间比较大，疏朗通透。廊庑内部空间宽敞，左边陈列着一个与床面一样高的矮柜，矮柜为上开门，下面设有一个抽屉，用来存放日常衣物用品。

与前端的廊庑部分相比，后面的架子床部分则比较简单。架子床主要是对内花罩和正面下方的牙板进行装饰。内花罩上的雕刻纹饰多种多样，有麒麟、凤凰、蝙蝠、喜鹊、团寿纹、缠枝花卉等。架子床的四角各设一根柱子，四柱上方三面各安两根横枨，上下横枨之间用矮老进行固定，左右两侧的立柱中间另外安装一根横枨，以确保四柱更为稳固。架子床三面安装围栏，围栏有内外两层。内层围栏较低，位于床框架之上，分为上下两层，

川作大漆描金拔步床

上层雕刻稀疏的蝠纹和卷草纹卡子花,下层等距离排列圆材;外层围栏较高,位于绦环板之上,栏杆用横竖攒接成"井口字"纹样。这件大漆描金拔步床形态大致完好,只有架子床左侧的后足和廊庑左侧下方的牙板是后人安装的。床通体髹暗红色漆,雕刻纹样部分用金漆涂饰,整体形制复杂,工料浩繁,装饰较多,呈现出恢宏华贵的气象。

第二节　不同民族的床榻

一、土家族滴水床

土家族主要分布在湖南、湖北和四川一带,以湖南西部最为集中和具有代表性。土家族的家具门类丰富而齐全,堂屋、卧室、书房等不同房间都有专门的家具,并且家具尺度偏高大。

在土家族的传统家具中,滴水床是一种具有特色的类别。其原型来源于明清时期中原地区流行的拔步床。滴水床又叫作牙床,从外观来看就像室内一间独立的小屋,具有隐私性、安全性和舒适性。滴水床的制作工艺非常复杂,需要历经上千个工时,因此人们又称呼它为"千工床"。滴水床在过去是身份和财富的一种象征,主要是由土家族首领或富贵人家使用。

"滴水床"的名称有什么来历呢？对此主要有两种说法。有人认为滴水床的名字与其结构有关。滴水床的结构类似房屋层进式结构,每一层床檐都取屋檐滴水之意,有两层床檐的叫作"两滴水",有三层床檐的叫作"三滴水",以此类推,最多可达"九滴水"。也有人认为滴水床的名字源自土家族的哭嫁婚俗。旧时,土家族姑娘从十二三岁开始便练习哭嫁,并有专门的"哭嫁歌",当其出嫁之时,要坐在床上哭泣,以此表现对父母依恋不舍。滴水床正是取姑娘哭嫁时泪水滴答之意。

土家族姑娘结婚的时候都要哭嫁

土家族滴水床的制作工艺精湛,一般不用钉子,也不用胶水,完全采用传统的榫卯结构衔接而成。滴水床的纹饰丰富密集,几乎床前每个角楼都雕有精美的纹样,看上去华丽繁缛,而且每个雕花图案都包含丰富的文化内涵,寓意吉祥,如"葵花"象征子孙兴盛,"莲花"代表连生贵子,"金瓜"寓意瓜瓞绵绵,"蝙蝠倒垂"表示福气降临。在图案中可以看到,雕有莲花的几案上放着花瓶,瓶中插着莲子,莲子上有三根戟,"戟"与"级"

谐音，象征"平平安安，连升三级"。这些都表现出了农耕时代土家族人民对幸福吉祥的期许和对种族繁衍的渴望。

张家界土家族风情园中的三滴水床

事实上，用谐音来表达吉祥之意不仅体现在雕花图案上，还表现在制作工艺方面。根据土家族的习俗，床的尺码忌讳使用整数，必须加半寸，俗语有言："床不离半，屋不离八。""半"谐音"伴"，"八"谐音"发"，均含有祝福之意，从中也可以看到汉文化对土家族文化的影响。滴水床除了雕刻吉祥纹样外，还刻画历史传说和故事。湘西土家族工匠中流传着这样一句谚语："唐三千，宋八百，雕不尽的列国传。"土家族聚居地历来是不同文化的交汇点。土家族是个善于吸收和学习外族文明的民族，其工匠在滴水床上雕刻的人物图画等内容，鲜活生动，质朴写实，承载了诸多历史信息，也反映出土家族文化的包容性。

滴水床有不少珍品流传于世。在张家界秀华山馆藏珍楼里收藏着两件滴水床，从床檐到床脚，从床柱到四壁，里外皆雕刻着精美的花朵图案。其中，床檐正中雕刻金瓜，寓意瓜瓞绵绵，多子多孙；金瓜两边排列着春天的牡丹、夏天的荷花、秋天的菊花、冬天的梅花，代表着四季；其他位置分别雕刻文房四宝和琴棋书画。

张家界秀华山馆里的滴水床

在中南民族大学民族博物馆里藏有一件"三滴水床"。此床带有鲜明的土家族风格，床体分为里、中、外三层：里面的一层为床；中间一层放着两个茶几，可以用来摆放小物件，也可以作为装饰；外层是脚踏板连着床框，床框周围都是雕花作品，主要有鱼、果子、辣椒等。整张床造型生动，巧夺天工。

第三章 各有特色：不同地域和民族的床榻

中南民族大学民族博物馆所藏的三滴水床

木雕人物鸟兽三滴水床

湘西州博物馆里收藏了一件民国土家族木雕人物鸟兽三滴水床。此床长280厘米，宽215.5厘米，高244厘米，包括床身、床架、雕花板和脚踏板等部分，其中，雕花板内刻有人物、鸟兽、花草、器具等。雕刻采用镂空手法，刀法细腻，工艺高超，整张床未用一根铁钉，采用榫卯结构，造型美观大方，是湘西木刻工艺的杰出作品。

二、蒙古族折床

蒙古族是我国北方的少数民族之一,主要分布在内蒙古自治区。蒙古族属于游牧民族,逐水草而居,因此需要一种拆装方便又有保暖作用的房屋相伴,蒙古包就是蒙古族人为适应生活环境创造出来的智慧结晶。

蒙古包的门框安装在哈纳上,因而门的高度微微低于哈纳的高度。一般来说,一个成年人需要低头弯腰才能进入蒙古包。由于蒙古包内的空间有限,入口不易通过大型家具,因此许多家具的尺度为适应包内的空间而相应地缩小,家具并排沿着哈纳放置,并尽量充分利用高度空间,可以上下叠放的家具使空间布局具有整体性。

蒙古包形体较小,室内空间有限,不能摆放大型家具

■第三章 各有特色：不同地域和民族的床榻

　　蒙古包内的家具种类主要有床、桌、箱、橱、架等。其中，床是蒙古包内的较大的家具。最初的游牧民族都是席地而睡，地面上铺设皮毛或毡子。在蒙古包内，日常起居一般使用地台，地台由木板搭建而成，高于草地表面，如果不搭地台，就使用床。床的样式和结构与我们平时所知的有些不同。因为蒙古包内部空间狭小，不适合陈列较大的卧具，所以双人床宽度较窄，只有80~85厘米。双人床的外缘和蒙古包的弧形相吻合，既很好地利用了空间，也增加了床的实际使用面积。床的高度一般只有30~40厘米，这样床不仅可以当作卧具使用，而且在平时能作为坐具。

蒙古包内的床（有床头）

蒙古包内的双人床分为有床头和无床头两种。有床头的双人床，床铺板外侧为弧形，和蒙古包的弧形相靠，床头床尾一样大小，直接落地起到支撑的作用。在床头中段有两根横枨，床尾相应的位置也设有两根横枨。床梃两端采用合页与床头、床尾相连。床梃一般安装在与蒙古包哈纳相对的一面，上面常常刻有装饰图案。床最大的特点是可以折叠。当床需要搬迁时，床头和床尾可以向内折叠，贴在床梃的内侧。床板为条状，插在床头和床尾中段的两根横枨之中。床板下面支撑着两只窄小的条凳。这种床便于拆装和运输。拆卸的时候，先抽出铺板，然后将床头和床尾靠向床梃折叠，与支架、铺板捆绑在一起，放在勒勒车上即可运走。

无床头的双人床是蒙古族人由席地而睡发展到使用床的过渡阶段的家具。这种床的结构和有床头双人床相似，只是床头、床尾与铺板取平，仅起到支撑作用。此外，这种床也是用两只类似长条凳的支撑作为床架，上铺床板。无床头双人床的支撑与床板是相互独立的，这样就使床可以随意搬迁而不会出现拆装问题。

蒙古包内也设有童床，分为吊床、摇床等。吊床用两根圆棒状木棍构成骨架，用较结实的帆布作为床面，骨架两端系绳悬在蒙古包内。摇床的床底侧面为半圆形，结构相比于其他儿童床没有太大差别。

童床都安装护栏。不同的童床，护栏的造型有所区别，比如一种童床的护栏腿比较短，不落地，向下延伸部分制作成弧形，护栏的中部镶嵌图案，两边为彩绘吉祥图案；另一种童床的护栏由床梃上部加高而成，两脚直接落地，床头和护栏腿上部锯切成多面体，中部为束腰立柱。

知识链接

勒勒车

勒勒车也叫辘轳车、牛牛车，是蒙古族人民使用的传统交通工具，有"草原之舟"的美誉。勒勒车通常用榆木或者桦木制作而成，其特点是车轮大、车身小，载重可达千百斤（1斤=500克），适合在雪地、草地、山地、沙漠、沼泽等环境中搬迁和拉东西。这种车既可以用牛、马牵引，也可以用骆驼拉载，其中，牛拉勒勒车最为常见。勒勒车操控简易、方便，一个妇女或儿童就可以驾驶七八辆甚至数十辆，承担全部家当的运输任务。

勒勒车

三、茶山瑶月亮床

瑶族是我国南方古老的民族之一,主要分布在广西、广东、湖南、贵州、云南等地。瑶族有茶山瑶、盘瑶、坳瑶、花篮瑶、山子瑶五大支系,其中,茶山瑶使用的床最具特色。

茶山瑶主要分布在广西金秀瑶族自治县的大瑶山上。大瑶山山高天冷,为了适应当地的气候,茶山瑶人创造了一种独特的小床——月亮床。

月亮床也称家灵床,是茶山瑶特有的雕花床,茶山瑶语称之为"都家灵",意思是有灵气的床。据考证,这种床在清代时就已经出现了。

月亮床由杉木等木料制作而成,其结构和普通床铺差不多,不同的是它的四周加高了五六尺,就像一个大衣柜。左右两侧、后面、顶部钉成板壁,前面开一个二尺见方的洞口,形如圆月,因此得名月亮床。这种床一年四季都不用挂蚊帐,只要把一块蚊帐布或者其他布料封在洞口就可以。

月亮床冬暖夏凉,在冬季,即便下起大雪,睡觉时也不会觉得寒冷,因为床的四壁可以挡风而且具有保温功能;在夏季,由于山里海拔高、散热快,气温较低,在床上睡觉会觉得凉爽惬意。另外,月亮床围合的三面上皆在局部设置横杆,便于睡觉时衣物的挂放和拿取,尤其是在寒冷的天气更为便利。月亮床的这些特点使它深得茶山瑶人民的喜爱。

茶山瑶人民非常注重对月亮床的装饰。他们常常在月亮床洞口的两旁和上方雕刻龙凤、蝴蝶、花草等图案,并涂上美丽的色彩，形象活灵活现。

在过去，每户茶山瑶人家都有一张月亮床作为镇家之宝。此床通常放置在堂屋供年长者使用。此外，妇女生完小孩出月子以后，也会搬到月亮床上去睡，以便照顾孩子。

四、维吾尔族摇床和吊床

在传统的维吾尔族居室中并没有床、椅、凳等家具，人们平时坐卧都是在土炕上。不过，维吾尔族有专门为婴儿设计制造的木制卧具——摇床。

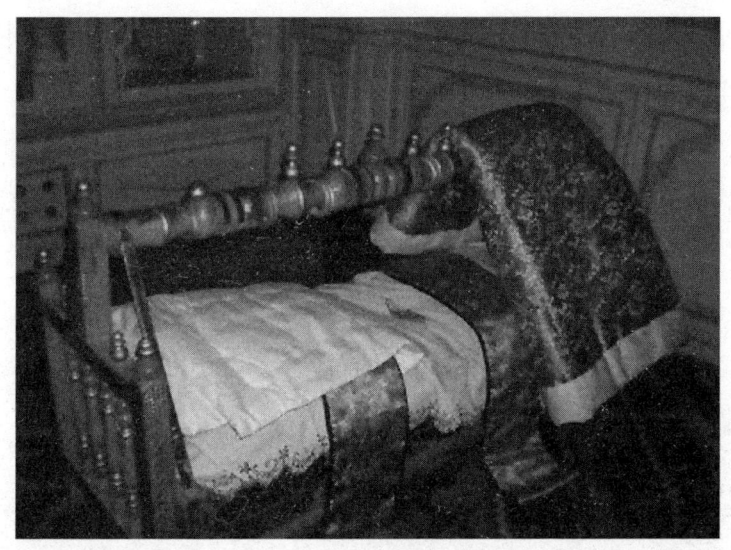

维吾尔族摇床

维吾尔语称摇床为"毕须克"，其长约1米，宽50厘米，高约60厘米，由床腿、床帮、床板、护栏、连杆等部分组成，用铆眼和榫头连接。每个摇床的顶部都有一根长杆作为手把摇动小床，手把上有许多凹槽或突起的小柱体，用来悬挂孩子喜欢的玩具，同时起到防滑的作用，也可晾晒孩子的衣物，盖上纱帐可以防蚊蝇、挡风沙。床腿之间和床帮之间都连成弧形，使床可以左右摇动。床上设有捆绑带的地方，用来固定孩子的手脚，防止孩子跌出床外。床板中间开有碗口大的洞，通过特制的木制导尿管使孩子的尿液流入床下的容器内。摇床的制作十分讲究，极富装饰性，床帮、床腿和连杆等处雕有大小不等、图案各异的花纹，在这些花纹上常用红、绿、金、黄、蓝等颜色的油漆进行彩绘，色彩艳丽，对比鲜明。摇床的木雕通常为一段一段的鼓形圆柱，在彩绘时多以这些鼓形圆柱为单位，用不同的颜色隔开。一些面积较大的鼓形圆柱上有时还装饰几个双色的条纹，显得简洁明快。摇床四角的柱子在彩绘时讲究样式和色彩的对称，表现出强烈的秩序感。

摇床与维吾尔族孩子的童年紧密地联系在一起。维吾尔族孩子出生满40天后，就被放入摇床中了。在孩子躺进摇床之前，人们要举行一种名叫"毕须克托依"的仪式，即摇床礼，类似汉

维吾尔族摇床礼

族孩子的"百日礼"。

摇床礼是维吾尔族人生礼仪中的一种重要形式，表示婴儿在成长的道路上迈出了新的一步，也表示对产妇的美好祝福。行礼当天，要请亲戚朋友、邻居和一些小孩来参加。首先准备一盆温水（称为"满月洗礼水"）、40个小木勺、40个小油馕和一些阿勒瓦（一种用糖、羊油、面粉做成的甜面浆）等物品，然后让参加仪式的孩子们排成一行，给每人发一个小木勺，让他们依次从盆里舀一勺水浇到婴儿身上，叫着婴儿的名字说一句祝福的话。接着，请一位剃头匠为婴儿剃除胎毛，最后给婴儿穿上好看的衣服并将其放进摇床中。从此，婴儿便在摇床上睡觉休息，一直到3岁左右。

知识链接

哈萨克族摇床礼

除了维吾尔族外，哈萨克等民族也使用摇床，并流行摇床礼。哈萨克族的摇床用白柳木制成，因为哈萨克人相信白柳可以驱邪。哈萨克族在婴儿出生后第七天到第十天，邀请亲朋好友中的妇女前来参加摇床礼。举行仪礼的当天，主人家要宰羊，应邀参加的妇女都会给婴儿做一件衣服相赠，表示祝贺。婴儿的女性长辈将其放到一盆温水里洗澡。婴儿的奶奶或姥姥用羊油擦遍孩子的身体，希望孩子有一身好皮肤，百毒不侵。奶奶还会轻轻地伸展婴儿的身体和四肢，以祈盼孩子长得旺盛结实。

哈萨克族摇床礼

除了摇床，维吾尔族还有一种为婴儿设计的简易卧床——吊床。这种床是维吾尔族妇女在田间和果园劳作时放置婴儿用的。吊床的做法是：将双股绳索两端分别系在树上，双股绳之间用一尺多长的枝截撑开并在绳上捆上褥子，然后把孩子放上去。如果孩子啼哭，就摇动吊床，逗弄孩子使其停止哭泣。

吊床的历史十分悠久，据说它的起源和一个传说有关：在土拉河和色楞格河的交汇处，有一个叫忽木阑术的地方，那里有两棵相连而生的树，一棵名叫费斯图克，外形类似翠柏和青松，结的子跟松子一样，另一棵是野松树。有一天，在两棵树中间突然出现了一个小土堆，并且土堆在不断地长大。小土堆的上空好像有烛光，闪闪发亮，三十步以内就像白昼一样。维吾尔族的先民回纥人走到跟前礼拜时,听到土堆里传来声响,似乎有人在唱歌。每天晚上都是如此。有一天,土堆上忽然开了一道门,通过门可以看到里面有五间房子,样子酷似帐幕。每间房里悬着一张银网,网上分别坐着一个婴儿,嘴里含着细管,似乎是在吃奶。维吾尔族各部落首领看到这种奇特的情景,感到十分惊奇,纷纷上前行礼。这五个婴儿刚与空气接触,就能走出房子。回纥人请奶妈哺育他们。等到他们会说话的时候,就问起自己的父母是谁。人们指着那两棵树告诉他们,五个孩子都面向树礼拜。树突然讲起话来,叮嘱他们要努力修养品行,并祝他们健康长寿,千古留名。回纥人于是拥戴他们做王子。卜可汗是五个孩子中年龄最小的,却也是最英俊和最聪慧的,他才华横溢,精通许多国家的语言,回纥人便尊他为可汗。从此以后,维吾尔族便开始把婴儿用吊床吊在两棵树之间,时间久了便形成了一种风俗。

维吾尔族的摇床和吊床,为母亲照顾孩子提供了方便,迄今仍在使用。

第 四 章

绚丽多姿：传统民俗和床文化

第一节 婚丧习俗与床的联系

一、铺 房

铺房是古人结婚前十分重要的一项仪式，指的是在男方家布置新房。铺房因为以婚床安放为中心，所以也叫"铺床""安床"。铺房的习俗虽然不在"六礼"之中，但在一对新人完婚之前为其准备安寝之处也是人之常情，因而民间对这一仪式十分看重。

在唐代，铺房虽然不见于记载，但是当时有在洞房内铺百子被的仪式。据文献记载，铺房的习俗在北宋时就已经流行。司马光《书仪·亲迎》中描述铺房礼俗说:"亲迎前期一日,女氏使人张陈其婿之室,俗谓之'铺房',古虽无之,然今世俗所同,不可废也。床榻、苇席、桌椅之类,婿家当具之;毡褥、帐幔、衾套之类,女家当具之。所张陈者,但毡褥、帐幔、帷幕之类应用之物,其衣服袜履等不用者,皆锁之箧笥,世俗尽陈之,欲矜夸富多,此乃婢妾小人之态,不足为也。"在这里,司马光除了介绍铺房时男方和女方各自需要准备的物品,还对当时夸富的风俗进行了批判。后世铺房显然已经淡化了夸富陋习,更加注重对新婚夫妇的美好祝愿。

现在依然保留婚礼中的铺床仪式

孟元老的《东京梦华录》和吴自牧的《梦粱录》都有关于铺房习俗的详细记载,其中已经看不到夸富陋习的痕迹:"……先一日，或是日早，下催妆冠帔花粉，女家回公裳花幞头之类。前一日，女家先来挂帐，铺设房卧，谓之铺房。女家亲人有茶酒利市之类。"通过这则材料可知，铺房是男方家摆放各种家具和日常用品，女方家派人前去陈设新婚卧房的风俗。

铺房往往由父母、丈夫、儿女双全的"全福"妇女来完成，湖北咸宁民俗称之为"牵亲妈"，以趋吉祈福。铺房开始前，首先要焚香祭拜床公床母。相传床公爱好喝茶，床母喜欢饮酒，因而在祭拜床神时需要准备茶水和酒水。祭拜完毕以后，按照既定方位摆放婚床。在山东，通常情况下，婚床要放置在靠屋山的一面，代表着新婚夫妇有靠山。有的还把婚床一头靠屋山，一头靠壁子墙，屋山象征大山，壁子墙象征小山，代表着当前以公婆为靠山，将来以儿女为靠山。在我国福建、台湾等地，床头的摆放位置很有讲究，有"东首贫疾，西首富，南首贵，北首死"之说；如果房间屋顶有栋梁，则床的摆放要与栋梁平行，否则就被视为不吉利；床板的数量必须是双数，通常为 8 块或 10 块，象征好事成双；安床的时候取出 8 枚铜钱放置在床角下，称为"八字合同（铜）"，再取出一些铜钱放置在床的头尾，称为"同（铜）心同（铜）体"；床角不能正对桌角，应当边对边，人们认为这样可以确保夫妻和睦，不发生争吵。上海奉贤人将安床称为"排床"，就是"摆床"的意思，排床时要唱《排床歌》："未进房，看四方，四方平顶好排床，今年排仔（只）龙王床，明年望俹（你）养个状元郎。"由此可见，安床对位置有所讲究。

床放稳妥以后，开始张挂床帐。帐是女方家送来的嫁妆，在北方一般用圆顶式的百子帐，隐含祝生百子之意。在南方，床帐依婚床样式主要为长方顶式，帐子挂起来以后两端有流苏垂下，流苏上缀有枣、栗、生菜等物品，暗寓祝生之意。

安床挂帐完成之后，便开始了真正意义上的铺床：铺毡褥，展床单，折被衾，放枕头……红红绿绿，一派喜庆。值得一提的是，许多地方在铺床时都会唱铺床歌。例如，江苏人一边铺床一边唱："蒿草青，粮草黄，我替新人来铺床。两头铺得高高的，中间铺个子孙塘。"山东人一边铺床一边说着喜辞："床上铺的是什么？""是豆秸，养活儿来做秀才。""床上铺的是什么？""是麦穰，一代一个状元郎。"上海人的《铺床歌》是："铺床铺床，金玉满堂。早生贵子，好抱儿郎。"有的地方铺床时会撒些寓意美好的物品，如河南人铺床时要在席子下面垫上一层豆杆之类的东西，然后在席子上撒些棉花、红枣、花生、核桃，说是"豆杆上面铺席子，明年早早生儿子"；广东人铺完床以后，会往床上撒石榴、红枣、果子、花生、莲子、橘子等，边撒边唱撒果子歌。

二、压床·翻床·滚床

旧时举行婚礼时，在安床仪式结束后到新郎新娘洞房前这段时间，许多地区流行压床、翻床、滚床等习俗，以祈求婚后子嗣兴旺。

1. 压床

在汉族和一些少数民族地区，新婚夫妇成婚的当天晚上，都要请几个小男孩来压床，寓意吉祥幸福、子孙兴旺。

在我国北方的一些汉族地区，压床人多数是辈分小于新郎新娘的男孩，如弟弟、侄子、表弟和表侄等。他们会在新郎新娘拜天地的时候，提前坐到洞房的床上。当新娘与新郎行完交拜礼，进入洞房准备上床坐帐时,男孩们就占领了主要位置,一动不动地坐在那里,什么时候新娘给了他们赏钱,并且钱数令他们满意时,他们才高兴地从床上跳下来,给新娘让位。民俗认为:"压床引来好儿郎,压床带来子孙旺。"

在云南丽江纳西族中,新郎新娘结婚时,要在门头挂一红纸糊的筛子,上面插三支由桃木或柳木制作的箭,并在红纸上书写"麒麟在此"四字,名曰"防百害",同时安放好婚床以后,要请一个父母健在、兄弟姐妹众多的男孩陪着新婚夫妇睡在婚床上,称为"压床",寓意来年这对新人的床上就会增添一位小麟儿。

在云南白族的部分地区,新娘出嫁的前一天晚上,要提前在婚床上铺上陪嫁的被褥,请两位小女孩睡在上面,称为"暖被",祝愿新娘嫁进夫家以后,家庭美满幸福。这与汉族、纳西族的压床习俗十分相似。

2. 翻床

在我国福建、台湾等地,流行翻床祈生龙子的习俗。新郎新娘举行婚礼前,操办者要事先从亲族中选出一个两三岁的男孩。这个男孩最好属龙,并且相貌出众、聪明可爱、健康活泼。如果实在找不到属龙的男孩,就找一个属相和新娘一样的。当新娘进入洞房的时候,由伴娘去把"龙娃"抱过来,放在新床上,让他翻滚一番,意思是向"床妈(送子娘娘)"致敬。滚完床,伴娘把"龙娃"抱给新娘,新娘会欣喜地把他抱在怀里,暗中祈祷自己以后也生出这样一个"龙娃"。新娘再把"龙娃"交给新郎,新郎会高兴地在"龙娃"的小手里塞上一个红包。

3. 滚床

在东北地区,新郎新娘结婚当天,新娘尚未进入洞房前,一般要找两个聪明伶俐的五六岁的男孩在婚床上打几个滚,俗称"滚床",人们认为这样可以生男孩。滚床的时候,要从床尾滚到床头,再从床头滚到床尾,一共滚三个来回。在男孩翻滚的过程中,由全福人说一些吉祥话,如:"童子滚滚床,喜庆传八方。求得贵子来,定是如意郎。""上滚床,下滚床,一年一个状元郎。"如果把男孩放到床上后,男孩由于害怕不肯滚,大人就会用糖果哄劝。若是男孩还不肯滚,大人就会把男孩抱起来,轻轻往床上一扔,男孩便会借着惯性在床上滚上几滚。男孩滚完床以后,男方家的主事人要给男孩一些赏钱。

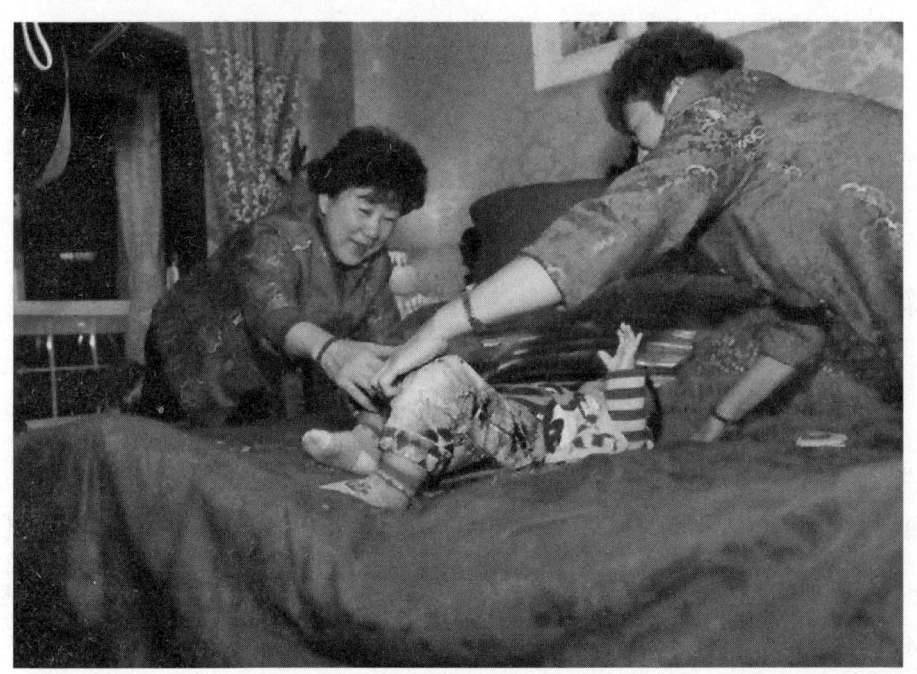

现代婚礼中的滚床仪式

关于滚床，有一个优美的传说：

古时候，东北地区人烟稀少，生产力低下，为了从事繁重的农业和渔猎生产，每户人家都希望多生几个男孩。但是一户姓赵的人家一连生了6个女孩，这让赵家夫妇忧愁极了——若是没有男孩，不仅年老以后无人奉养，而且要遭受一些人的指责。

一天中午，赵氏劳累后睡着了，做了一个梦，梦中一个白发苍苍的老人告诉她，想要生儿子，要找一个儿童在炕上滚上三滚。赵氏醒来后对丈夫说了梦中情形，丈夫十分高兴，认为这是仙人在指点他们，于是急忙去兄弟家抱来一对双胞胎儿童，扔到炕上滚了三滚。10个月后，赵氏果然生下了一对双胞胎儿子。

这件事一下子在乡里传开了，大家纷纷效仿，认为用男孩滚床就能生儿子。时间长了，婚礼中也出现了滚床仪式，滚床渐渐成为一种婚俗。

三、坐　帐

坐帐是新郎新娘进入洞房后举行的第一项仪式。民间认为，新娘进入洞房以后，要朝着一定的方位坐在床上，不可随意走动，俗称"坐床""坐福"。

坐帐是一种古老的习俗，宋代时就已经出现了。《东京梦华录·娶妇》中说："入门于一室内，当中悬帐，谓之'坐虎帐'。或只径入房中坐于床上，亦谓之'坐富贵'。"清道光年间《泰州志》记载："初更后，彩舆到门，婿拈双红纸，拈后，立堂中，迎彩舆入，遂先入房，立床左。女戚二人，启舆扶新妇入房，立床右。揭巾行合卺礼，谓之坐富贵。"都认为新娘在床头坐上一段时间，可以使婚后大福大贵。

古代婚礼中的合卺礼

在东北的满族聚居地区，坐帐的习俗被称为"坐床"。新郎新娘结婚当天，新娘身穿红色嫁衣，用红绸遮住面孔，有的新娘在新郎家南面的炕上坐上一个白天。根据习俗，坐床的时候不能乱动，这样才能使婚后富贵；如果胡乱走动，则娘家要受穷受罪。也有一些满族新娘在临时搭建的帐篷里面向南方坐福，行坐帐礼。在新娘坐帐期间，新郎要始终守候在帐篷外面，不能离开半步。

新娘坐帐，要朝向喜神方向。喜神也叫"吉神"，民间传说是喜乐之神，能保佑人们幸福快乐，获得好运。喜神没有具体的神名，但是有具体的方位。在民间，喜神祭祀是抽象的，一般只在红纸上写下"吉利之神"等字样加以替代。有时并无祭祀对象，只是一种意念而已。在传统婚礼过程中，主要有两个祭祀喜神的仪式：一个是将花轿的轿门朝向喜神方向，另一个是新娘坐床时面向喜神所在的方位。人们认为，这样可以保证新婚夫妇一生平安，喜事连连。

满族新娘坐帐剪纸

但是，喜神所在方位并非固定不变，而是随着时间的变化不断改变。因此，喜神位于哪个方位，只能听从阴阳先生的指点。阴阳先生常常在结婚吉日确定下来的时候选定喜神的方位，并把选定的结果写在龙凤帖上，结婚当天面朝阴阳先生指点的方位即可，俗称"等福""迎喜神"等。

■ 第四章 绚丽多姿：传统民俗和床文化

喜 神

按照习俗，在新娘坐帐的时候，一群小孩要过来讨要喜糖。对于小孩的哄闹，伴娘会想办法进行搪塞。在山东和江苏的交界地带，新娘坐帐之时，要由一个机灵活泼的小男孩用手划破窗上糊着的红纸。民间将这种习俗称为"男孩破窗"，寓意新郎新娘婚后早生贵子。

关于新娘坐帐的时间，各个地区长短不一。有的地方只是象征性地坐一坐，有的地方则要求坐一天，直到吃完团圆饭才结束。在山东青岛、潍坊等地，新娘坐帐往往到吃中午饭时结束。这顿饭是新娘嫁过来所吃的第一顿饭，要由伴娘陪着新娘一道吃。而且，这顿饭需要由婆婆亲手做，做的是新娘从娘家带来的面条。对于这一习俗，人们解释说，娘家饭由婆婆做，婆婆就会像亲娘一样对待儿媳妇。在吉林岫岩等地，满族新娘坐帐的时间要长得多，一直等到夜幕时——人们认为，新娘坐帐的时间越

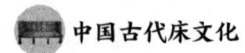 中国古代床文化

长,就代表着婚后越有福气。

如今,城镇居民举办婚礼,多数选择在酒店进行,一般新娘从娘家出来就直接进入酒店,因而既没有进入洞房的一些烦琐仪式,也没有坐帐的习俗。而在农村中,新娘进入洞房的仪式也减少了许多,并且由于新娘大多不会盘腿打坐,因此不太讲究坐帐的习俗了。

 知识链接

抢　床

在土家族的婚俗中,新娘新郎拜祭完祖宗和天地神灵后,要尽快站起来,直奔洞房,竞相抢先坐在床上,这种仪式俗称"抢床",也叫"夺床"。据说,谁率先坐在床上,将来就由谁当家做主。新娘为了争到以后在家中的地位和权力,不受新郎的管制,常常不等拜祭完毕,就挣脱搀扶人的手,冲入了洞房。关于抢床,有着明确的规定,即男左女右,以正中为界,双方不得超越。如果新娘坐在了界线上,新郎就会尽力把新娘挤到界线之外。若双方互不相让,争得难分难解,新郎就会突然掀去新娘的盖头,这时新娘害羞地一笑,抢床的仪式便宣告结束。

四、撒　帐

撒帐是我国传统婚俗中的一项重要活动,也是在新郎新娘

■ 第四章　绚丽多姿：传统民俗和床文化

拜完天地进入洞房后举行的。新郎新娘坐在床上，一名女性全福人手捧果盘，把盘里的各种干果钱币撒在新婚夫妇身上以及床帐上，一边撒一边念诵祝福之语。干果主要有石榴、桂圆、核桃、栗子、榛子、枣子、花生等。石榴多籽，寓意婚后多子；桂圆俗称龙子，象征儿子成龙；核桃取其质坚味美之意，表示女子坚强温柔；栗子谐音"立子"；榛子俗称"增子"，含祝生之意。有时，全福人还会拿着枣儿故意问新娘是什么，新娘答复"枣儿"，全福人接着问"是不是要早生贵子呀"，为获得吉利，新娘会红着脸羞涩地回答"是"。然后，全福人又拿起花生问新娘是什么，新娘说是"花生"，全福人又问"是不是儿女花着生呀"，新娘回答"是"。这时，旁边的亲朋好友便会哄堂大笑，有人还会重复喊着"早生贵子""儿女花着生"，气氛喜庆热闹。各个历史时期，不同地区所用撒帐之物往往不大相同，但其寓意基本一致。祝福新人婚姻美满，子孙旺盛，福寿绵长，富贵吉祥，是撒帐习俗的主要文化内涵。

据说撒帐起源于汉代，是汉武帝迎娶李夫人时创造的。宋代高承《事物纪原》中说："李夫人初至，帝迎入帐共坐。欢饮之后，预戒宫人遥散五色同心果，帝与夫人以衣裙受之，云得果多，多得子也。"元代陶宗仪《说郛》卷三一引《戊辰杂抄》记载道："李夫人初至，坐七宝流苏辇，障凤羽长生扇，帝迎入帐中共坐，惢欢之后，予戒宫人，遥撒五色同心花果，帝与夫人以衣裾盛之，云得多得子多也。"

撒帐既使用花生、红枣、桂圆等彩果,也使用钱币

汉代之后,撒帐的习俗沿袭不衰。每个朝代撒帐格式基本一致,只是撒帐使用的物品略有差异而已。汉代时流行用五色同心果。唐朝时则喜好用钱币。清代吕种玉《言鲭》卷下中提到:"唐景龙中,中宗出降睿宗女荆山公主时,铸撒帐金钱,含径寸,重六钱,肉好背面皆有周郭。其形五出,穿亦随之,文曰:'长命守富贵。'每十文系一彩绦,敕近臣及修文馆学士送婚拾钱皆作却扇诗。"唐睿宗的女儿荆山公主出嫁时,为撒帐专门命人铸造了一批钱币。钱的正面铸有"长命守富贵"五字,每十文钱系一条彩带。唐睿宗还下令,参加婚礼的官员在撒钱时可以随意抢钱。据一些专家学者研究,撒帐钱上铸造的字样多种多样,除了"长命守富贵"外,还有"上上大吉""夫妻偕老""金玉满堂""弄璋添喜""福寿永昌""福寿延长""百年长寿""五男二女"等,都寓意美好。

■ 第四章 绚丽多姿：传统民俗和床文化

"五男二女"撒帐钱

宋代时人们撒帐既使用彩果，也使用钱币。孟元老《东京梦华录·娶妇》中说："男女各争先后对拜毕，就床，女向左，男向右坐，妇女以金钱彩果散掷，谓之'撒帐'。"吴自牧《梦粱录》卷二十记载："行参诸亲之礼毕，女复倒行，执同心结，牵新郎回房，讲交拜礼，再坐床，礼官以金银盘盛金银、彩钱、杂果撒帐。"由此可见，钱币和果子是两宋时期撒帐婚俗所用的主要物品。

到了明清两代，撒帐所用之物更为丰富，已经扩展到五谷干果，并且更注重物品包含的美好寓意。明代沈榜《宛署杂记》记载："妇进房，令阴阳家一人，高唱催妆诗，以五谷及诸果遍撒，号曰撒帐。"清代王士祯《池北偶谈》中说："今齐鲁之俗，娶妇必用枣栗，谚云，早利子也。"男女婚姻的结果是组建家庭，生儿育女。撒帐侧重生育，符合婚姻的意味。

说起撒帐，不能不提到撒帐歌。撒帐歌是举行撒帐仪式时，由撒帐人吟诵的歌词。撒帐歌出现的时间比撒帐仪式稍晚。人们最初抛撒彩果、钱币时，为了表达对新人的美好祝愿，只是顺口说几句吉祥话。后来，随着时日的增加，撒帐歌的词汇越来越丰富，最终成为撒帐仪式不可或缺的内容。

明代《清平山堂话本·快嘴李翠莲记》中收录了这样一首"撒帐歌"：

撒帐东，帘幕深围烛影红，佳气郁葱长不散，画堂日日是春风。

撒帐西，锦带流苏四角垂，揭开便见姮娥面，输却仙郎捉带枝。

撒帐南，好合情怀乐且耽，凉月好风庭户爽，双双绣带佩宜男。

撒帐北，津津一点眉间色，芙蓉帐暖度春宵，月娥苦邀蟾宫客。

撒帐上，交颈鸳鸯成两两，从今好梦叶维熊，行见蠙珠来入掌。

撒帐中，一双月里玉芙蓉，恍若今宵遇神女，红云簇拥下巫峰。

撒帐下，见说黄金光照社，今宵吉梦便相随，来岁生男定声价。

撒帐前，沉沉非雾亦非烟，香里金虬相隐快，文箫金遇彩鸾仙。

撒帐后，夫妇和谐长保守，从来夫唱妇相随，莫作河东狮子吼。

通过歌词可以看到，当时撒帐具有多方向性特点。

撒帐歌的歌词，主题美好，节奏轻快，语言诙谐，能够很好地活跃闹房时的喜庆气氛。直到现在，在一些农村中还可以收集到撒帐歌，它们依然传达着人们对新婚夫妇的真诚祝福。

 知识链接

翻 床

翻床是撒帐仪式向闹房仪式的延伸，是指由闹房人翻婚床，将撒帐时撒在床上的果子全部翻出来分给大家吃。旧时畲族十分流行这种婚俗。新娘进入洞房以后，闹房人先闹一阵，然后开始翻床，一边翻一边唱道："一翻金床得贵子，二翻珍珠铺满床，三翻三元及弟，四翻子孙满堂，五翻五子登科，六翻黄金万两，七翻仙鹿献瑞，八翻吉福呈祥，九翻一禾九穗，十翻世代团圆。"这些流利的祝福吉祥之语，伴随着大家的阵阵笑声，将婚礼推向最后一个高潮。闹房人边唱歌，边把翻出的桂圆、柚子、橘子等分给在场众人。床里面翻完了，就唱："再来翻，再来翻，翻了床里翻床前。翻你豆子两三斗，翻你花生两斤半。"翻出唱词中的物品后，众人便围上去抢花生和豆子。翻床结束，整理好床铺，闹房人便走出洞房，和吹鼓手一起，在吹吹打打中将新郎送入洞房，让新婚夫妇安歇。

五、同房不共床

在一些少数民族中,流行新娘新郎婚后同房不共床的习俗,即新郎新娘虽然同房共宿,但是分别睡在两张床上。这种婚俗在毛南族有着鲜明的体现。

毛南族人民结婚的时候,在新娘室(新人室)里摆放两张床,这两张床分别位于东西两侧,面面相对,称为"鸳鸯床"。其中,比较高的一张是新郎床,张设白色蚊帐,铺以绸被面,垫着花被褥;比较矮的一张是新娘床,蚊帐、被套和垫褥等卧具均染上蓝靛,色泽深暗。

毛南族的新娘室里为何摆放着两张床呢?这里面有一个古老而动人的传说。

相传在上古时期,有一年发生了洪水灾害,除了盘古兄妹外,天下的人全被淹死了,为了重新创造人类,土地爷爷便让他们结为夫妻。古妹听了之后羞得满脸通红,坚决不肯答应。后来,她戴雨帽遮羞去问松树的意见,松树也劝她和盘兄结婚。古妹非常生气,就把松树的叶子撕得像头发一样细,并且一边用刀砍一边骂。古妹心里不服气,就又用烟火占卜。盘兄找来两捆湿艾,把它们分成两堆,每人各烧一堆。用火点燃后,升起滚滚浓烟,直冲云霄,没多久,刮来一阵大风,使两炷烟搅在了一起,预示他们应当结婚。古妹见了,立刻急得哭起来,她又捂着脸去问乌龟的看法。乌龟说:"不如这样吧,你俩把一对石磨抬到坡顶上,然后把磨盘和磨扇滚下来,要是它们能合在一块儿,你们就成亲。"古妹心想不会有这么巧的事,于是答应了。她和盘兄一起把磨抬到坡顶上,分别将磨盘和磨扇滚了下来。结果,磨盘和磨扇滚到坡脚,竟然按照原来的样子合在一起了……古妹只好同意与盘兄成亲。不过她依然害羞,因此提出成亲不举行拜堂仪式、婚后同房不共床的做法。从此,这个做法成了一项规定,世世流传了下来,形成了毛南族人结婚时新娘室里要铺两张床的习俗。这就是"鸳鸯床"的由来。

六、引路鸡和带尾蔗

在闽南漳州地区,有两个特殊的婚嫁习俗,分别是引路鸡和带尾蔗,这两个婚俗寄寓了人们对新婚夫妇生活幸福美满的祝愿。

引路鸡是女子出嫁不可缺少的。在女子出阁之前,其父母会事先挑选好一只健壮、即将下蛋的母鸡和一只刚会啼叫的公鸡。到了女子出嫁当日,他们就用一条长9尺的红绳捆住鸡脚,绳子两端各系一只鸡。"9尺"和"红绳"有着美好的寓意,"9"与"久"谐音,象征"长长久久";"红",意为"红红火火"。这是父母希望女儿出嫁之后能与丈夫和睦相处、相亲相爱,不仅长相厮守,还能"好命"。将两只鸡捆好之后,就把它们放在一只新篮子里,由伴娘带到新郎家。到了新郎家以后,引路鸡改称"夫妻鸡"或"公婆鸡"。在新娘进入洞房后,媒人或者新郎的姑嫂急忙给两只鸡解开红绳,放在婚床底下。这时人们站在门口,观看是公鸡还是母鸡先走出床底。如果是公鸡先露头,就意味着新娘先生男孩,人们就会鼓掌欢呼:"头胎生查埔(男)。"如果是母鸡先走出来,就意味着新娘先生女孩,人们就会呼喊:"先生阿姐再招弟。"

带尾蔗出现在新婚第三天。新郎陪着新娘去丈人家"做客",新娘不能留宿,要在天黑前返回婆家。这时,丈人就会让女婿带回两根有头有尾的甘蔗。甘蔗也用一根9尺长的红绳捆绑,蔗尾要拖地走,拖到新郎家以后放在婚床上,以此祝福新郎新娘幸福美满。

七、换 床

旧时,在我国北方许多地区,人们都是睡在铺有席箔的砖炕上,老人临终前也是卧病于炕上,因此这些地区又把病笃称为"落炕"。在这些地区,当老人快要去世时,一般需要为其换床,也就是将其移到木板床上。这是因为,民间认为病危者若是死在炕上,便是让其背着炕走,会增加他们的罪业。有些地方则认为换床具有冲喜的作用,可能会使临终者转危为安。要是换床之后,病人果然化险为夷,人们就会说这是换床冲喜的功劳。有些地方还认为,如果病人临终前不换床,死在平时睡卧的炕上,其魂魄就会停留在房中或者炕上,不走不散,时间长了就会在家中滋扰生事。由此看来,临终前的换床,除了是为垂危者考虑之外,也是为后人着想,以防病人去世之后其后人睡在这炕上疑神疑鬼。

山东的很多地方都有换床的习俗。在老人病危之际,要赶紧为其沐浴更衣。换好寿衣后,由长子抱头,次子抱脚,其他人帮扶,把老人从里间的炕上挪到正厅明间的灵床上。灵床也称"尸床""临末床",样式有多种,有的是现成木床,有的是用门板或苇箔在长凳上搭成床的样子，有的则用土坯临时垒砌，在上面铺一条床单或褥子。在山东泰安，灵床也称为"灵箔床"，它是由一领高粱秸箔和三条板凳构成的，高粱在所有庄稼中长势最高，用高粱做箔，寓意亡者的子孙后代生活会节节高。灵床一般摆放在正寝（即堂屋）中央或偏东一点的位置，床为南北向，朝向堂屋的门。垂危的老人头朝南仰卧在灵床上，其亲人这时守候在床边，陪伴其度过生命中最后的时刻。

在旧时的北京，按照传统习俗，病人临终前，必须为其换床。当老人病情危重将要气绝时，其家人通常会去附近的"杠房"租赁一张太平床（灵床）。这种灵床也称吉祥板、吉祥床。贫穷人家没钱或无法租赁吉祥板，就会卸下一扇房门，在下面支上两条板凳，临时搭建一张灵床，这种做法俗称"搭床"。凡是寿终正寝或寿终内寝者，其所用吉祥板或"搭床"应呈东西向安放在正房套间或厅堂，非寿终正寝者则安放在其卧室或其他地方。普通家庭使用的吉祥板较为简单，先在床板上横放一根白布带子，作为大殓（入殓）时的提手；然后铺上水红布的褥子，在床周围挂上红布围子或红绸围子，有时也会拿棺罩上的"走水"充当床围。家境优越的人家一般用绣有牡丹花、四季花的缎绣软片作为灵床围子。吉祥板安装铺设好以后，就可以为垂危的老人换床了。这一过程需要由垂危者的亲人完成，一般是由长子抱头，次子抱腰，三子抱脚。

假若垂危者没有那么多儿子，也可以让其孙子、侄子等亲属动手。换床时，子女们需要郑重地对老人说："爸（妈）！给您老人家冲喜冲喜吧！"然后按照习俗，把垂危者头朝西、脚朝东地放在吉祥板上，据说这是取"西方接引"之意。

在东北地区，换床习俗也很流行。在辽宁，当老人病情危重时，全家人聚在其身旁，为其理发、洗脚、剪指甲、换衣服，之后将老人头朝西放在灵床上，藉褥覆衾。在辽宁大连瓦房店，除了沐浴更衣换床外，在老人将要气绝时，还需要将丝线、碎银放入其口中，名曰"压口银"，并将麦饼置于其手中，谓之"押手干粮"。在辽宁丹东等地，父母临终前，要为其备好衣衾，换上寿衣，迁居到正寝床上，安置的方向为头南足北。在沈阳新民又略有不同，"丧主于亲属临危之际，先置床于屋地，衣衾布置完好"，直接在地上铺设灵床，不用板凳搁高。辽宁鞍山海城汉族地区换床时，所用灵床直接搁在板凳上，当老人病情危急时，为其换寿衣，并移到板床上，男子停于中堂，子孙环守。辽宁铁岭、桓仁等地也有相同的习俗，"当疾革时，设床于室，子孙环视，净面盥手足，易衣服，冠履，然后异置于床，殓以衾"。辽宁葫芦岛的风俗也一样，"亡者疾大渐，家人环守，受遗嘱，异至床上"。辽宁开原一带也有相似的习俗，父母垂危时，子孙为其换新衣，移到板床上，环守在其身旁。吉林、黑龙江也有在临终前为老人换床的风俗。在吉林，多地将换床称为"上灵床"，当老人即将咽气时，家人在正寝中堂架设木板，把病人放在上面，谓之上灵床。此外，要在病人手上放置面饼、面棒，名为打狗干粮、打狗棒。关于放置面饼、面棒的原因，《吉林新志》中解释说："盖谓死者过狗山时，棒以威之，饼以饵之，免其阻去路也。"在黑龙江哈尔滨双城一带，当老人病革至舌头僵硬时，为其换新衣，并将其移到中堂的板床上，头朝外足朝内。

知识链接

床下葬和睡禾床

在少数民族的丧葬习俗中也可以看到床的影子，比如高山族有床下葬的习俗，瑶族有睡禾床的习俗。

（1）床下葬。

高山族是中国台湾地区的主要少数民族，丧葬习俗多种多样，床下葬是其中一种独特的葬俗。有些高山族人家在亲人去世以后不愿其"离去"，想要他永远"留"在家里，因而就在他生前的床下挖一个深坑，用木匣或者芭蕉叶包裹住尸体，放进坑中，在上面压一块大石板，然后进行填土，一直填到与地面齐平为止。家人们相信，去世的亲人依旧生活在他们中间。

（2）睡禾床。

在瑶族地区，每当家里有老人去世，子孙们分别拿一束稻穗整齐地铺在地面上，然后在稻穗上铺白布单，做成"禾床"，将用白布包裹的尸体挪到禾床上，称为"睡禾床"。瑶族人民认为这样做，睡在禾床上的老人就不会在阴间缺粮食吃。

第二节　节日风俗中的床印记

一、除夕夜照虚耗

过去在除夕夜有"照虚耗"的习俗。照虚耗也叫"照岁""照年"。明田汝成《西湖游览志馀·熙朝乐事》中说:"除夕……燃灯床下,谓之照虚耗。"

据说虚耗是给人带来灾祸的恶鬼。它穿着红色衣袍,长有牛鼻子,一只脚穿鞋着地,另一只脚悬在腰际,腰间还插着一把铁扇子。虚耗成为鬼名,和钟馗信仰有关。

传说唐玄宗李隆基有一次梦到一个小鬼偷窃自己的玉笛和杨贵妃的香囊,唐玄宗叫住小鬼,叱问它是谁,小鬼自称叫"虚耗",喜欢偷别人的东西,也能偷走别人的欢乐,让人变喜为忧。唐玄宗怒不可遏,立即唤人,这时候出现了一个大鬼,抓住小鬼吞了下去,这大鬼就是钟馗。后来,人们传说虚耗怕光,就有了"照虚耗"的习俗,即在守岁之夜,在灶房、厕所及床底下点灯,用灯照的方式把虚耗赶跑。

照虚耗在唐朝就已经有所记载,唐朝以后这一习俗更为流行,明清时期,浙江大部分地区都有照虚耗的习俗。现在,人们在除夕夜依然点灯,但是这一行为已经失去了最初的驱邪意义,而成为热闹喜庆的象征。

除了照虚耗,除夕还要装点卧床,明刘若愚《酌中志·饮食好尚》记载:"三十晚,岁暮,即互相拜祝,名曰'辞旧岁'。……床上悬挂金银八宝,西番经纶,或编结黄钱如龙。檐楹插芝麻秸,院中焚柏枝柴,名曰'燔岁'。"

此外,还要给压岁钱。除夕夜守岁,儿孙们要给长辈拜年,长辈则要用彩绳穿钱,编成龙形,压在儿孙的床脚,称为压岁钱。直到今天,每当除夕之夜,家里的长辈还会给孩子压岁钱,不同的是,现在的压岁钱已经不再压在儿孙的床脚了。

古代的压岁钱

二、二月二熏床炕

农历二月初二是我国民间传统节日,这一天也称龙抬头、春耕节。

二月二日一般在惊蛰前后,此时正值春归大地,万物复苏,在泥土或洞穴中蛰伏一个冬天的昆虫蛇兽都从冬眠中苏醒过来,出来活动,民间有"二月二,龙抬头,蝎子、蜈蚣都露头"的说法。在古代,为了驱逐害虫,流行熏虫儿的习俗。据记载,这种风俗在明代就已经出现了。明人刘侗所著《帝京景物略》卷二云:"二月二,'龙抬头',蒸元旦祭徐饼,熏床炕,曰'熏虫儿'。谓引龙,虫不出也。"二月二这一天,人们把元旦祭祖所用的饼或新做的馅饼用油炸来吃,用炸油的气味来熏床炕,把将要复苏的"虫儿"熏死,达到祛除病灾的目的。清代也有熏虫儿的习俗。康熙年间的《大兴县志》记载:"二月二,家各为荤素饼,以油烹而食之,曰熏虫。"乾隆时的《帝京岁时纪胜》记载:"二日为龙抬头日,都人用黍面、枣糕、麦米等物油煎为食,曰熏虫。"

三、端午节床帐撒酒

端午也叫端阳、重午,是我国重要的传统节日。旧时认为五月五日是恶月恶日,因而要在这一天举行各种辟邪活动,由此形成了一系列辟邪风俗,其中就有与床有关的习俗。

端午节的床俗主要有三种。端午节当天要饮雄黄酒,还要将酒"挥洒床帐间,以避虫毒"。《清嘉录》记载:"截蒲为剑,割蓬作鞭,辅以桃梗、蒜头,悬于床户,用以却鬼。"这段文字是说,要用蒲草做成剑，用蓬草做成鞭，和桃梗、蒜头一起挂在床上，可以驱鬼。在苏州一带，有端午节在床头上贴五毒符的习俗。以上习俗的形成大多和季节有关：在南方，五月时正值雨季，空气潮湿，容易滋生虫子；在北方，五月也是冬眠幼虫苏醒的时刻，清洁床炕可以防止虫子叮咬，保人平安。

民间流行在端午节张贴五毒符，认为可以驱赶蛇、蝎子、壁虎、蜈蚣和蟾蜍五种毒虫

四、中秋送子于床

中秋节也称仲秋节、团圆节，俗称八月十五。在我国民间，流传着很多关于月亮的故事，月宫、月神、嫦娥、玉兔等令人心驰神往。因为中秋时月亮圆满，所以这一夜象征花好月圆，家庭和睦。由此，民间产生了求子的习俗。

《东京梦华录》卷八记载："八月秋社……人家妇女皆归外家，

晚归，即外公、姨舅，皆以新葫芦儿、枣儿为遗。"由于葫芦多籽，寓意多孕多子，因此民间常把葫芦挂在床头，表示求子的心理。更为常见的求子方法是中秋送瓜求子，这一习俗见于湖南等地，如《中华全国风俗志》卷六中写道："中秋晚，衡城有送瓜一事，凡席丰覆厚之家，娶妇数年不育者，则亲友举行送瓜，选数日于菜园中窃冬瓜一个，勿令园主知之。以采（彩）色绘成面目，衣服裹于其上如人形，举年长命好者抱之，鸣金放炮送至其家。年长者置瓜于床，以被覆之，口中念曰：'种瓜得瓜，种豆得豆。'受瓜者设盛筵款之，若喜事然。妇女得瓜后即剖食之。"

第三节　其他床俗

一、床神信仰

我国古代有床神信仰的风俗。床神是住宅神中的重要神灵，有公婆两位，分别称为床公、床母。或许是因为妇女在生育中的地位和作用，民间在床神信仰中，常用"床母""床婆"相称，而很少使用"床公"的称谓。

关于床公床母的身份来历，主要有两种说法。一种说法是床公床母指周文王夫妇，因为他们生有100个儿子，有着旺盛的生育能力，所以受人敬奉。另一种说法是，床公床母指的是九天监生明素真君和九天卫房圣母元君，旧时北京东岳庙正院西配殿的广嗣殿中，就曾供奉这两位神灵。

床公床母是保护房帏的神，职责范围比较广泛，凡是夫妇安寝、妇女生育、儿童健康等方面的事，他们都要管。

民间祭祀床公床母的习俗由来已久，最晚在宋代时就已经出现。据记载，当时不仅民间流行祭祀床神，宫廷内也向床神祈福。宋人曾三异《因话录》中说："崔大雅在翰苑，夜直玉堂，忽降旨令撰《祭床婆子文》。惘然不知格式，邀周丞相问之，云：'亦有故事，但如常式：皇帝谴某人致祭于床婆子之神曰，汝司床簀云云。'"宋代皇帝也信奉床神，要翰林院的进士们作祭床神的祭文。

床公床母

民间祭祀床神时，为了讨好床神，获得庇佑，甚至了解其嗜好，以投其所好。清代顾禄《清嘉录》记述："荐茶酒糕果于寝室，以祀床神，云祈终岁安寝。"俗呼床神为床公床母。杨循吉《除夜杂咏》云"'酌水祀床公'。盖今俗犹以酒祀床母，而以茶祀床公，谓母嗜酒，公癖茶，谓之'男茶女酒'"，而《钱塘县志》亦载除夕用茶酒果饼祀床神，以祈安寝："杭俗祭床神以上元后一日，品用煎饼。"

床母是守护婴儿的床神。在我国南方地区，民间认为婴儿自出生起就受到床母的保护。床母除了负责照顾和保护婴儿不受伤害外，平时还要教导婴儿，担负婴儿早期的智力开发工作。人们相信，孩子在睡觉时做出皱眉、微笑、嘟嘴等动作，正是床母教导的结果。因此，人们认为当孩子睡觉时不能把他们弄醒，不然就会中断孩子的学习。而一旦孩子不能向床母学习，长大后可能就会变得痴呆。此外，人们还认为，孩子入睡以后，床母会带着孩子的魂魄到处游玩，这时候绝不能在孩子脸上涂抹颜料，否则孩子的魂魄回来，找寻不到归宿，不能附体。信奉床神，又怕触犯床母，因而用衣食、香烛等物品祭祀床母。考虑到床母爱饮酒，又忧虑床母喝醉酒后忘记看护孩子，容易使孩子从床上掉下来，因而民间又忌讳用酒祭祀床母。

关于祭祀床神的时间，各个地区不尽相同，并没有统一的规定。如在旧时的北京，通常在孩子出生后的第三天为其洗澡，即所谓的"洗三"。洗三之前，要把床公床母供在桌上，用糕、缸炉进行祭祀，焚香烧神纸，向床公床母祈祷。在福建漳州，每月初一和十五，人们都在床上罗列饭菜敬奉床神，生育孩子的妇女要设床神之伦，称"婆者母"，潮州地区称为"公婆母"，跪拜后把"公婆母碗"放于床下。在浙江杭州，只要孩子夜啼不止，人们就祭拜床公床母。壮族将花婆作为床神供奉。在壮族聚居地区，花婆是生育女神和儿童守护神。每年农历二月二十九日是花婆的诞辰，这一天，壮族妇女要举行祭祀仪式，用食品、香烛、纸钱供祭花婆，祈求生育和保佑孩子健康成长。此外，人们结婚或者生孩子以后，都要在床头设立一个花婆神位。孩子患病，母亲就祭拜花神。每逢正月初一早上，都先叩拜花婆，花婆神位要一直等到孩子长大结婚后才能撤下。

壮族花婆节时举行的巡游活动

除了床神祭祀之外，古代人们还通过在床上贴床符的方式祈求床神的护佑。床符张贴没有固定的位置，有贴在床身上的，有贴在床顶上的，还有贴在床脚上的。床符贴在床身上，据说可以使夫妻和睦、相爱。床符贴在床顶上，可以驱邪，使主人平安健康。而床脚符也很重要，据说有助于妇人生产。

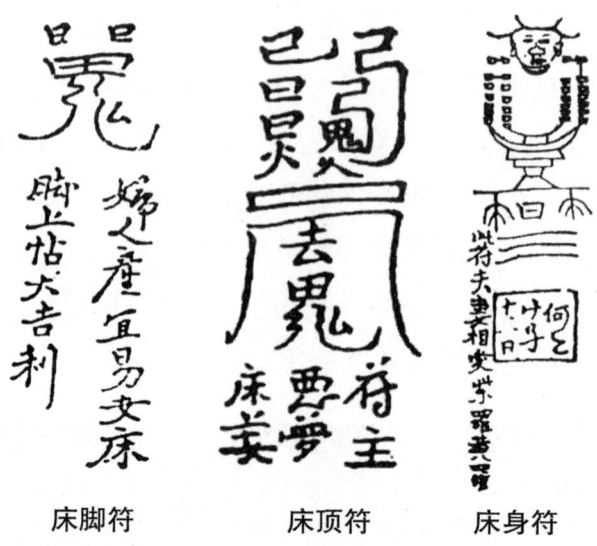

床脚符　　　床顶符　　　床身符

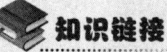

七月七拜床母

在中国台湾地区，汉族流行七月七拜床母的习俗。关于这一习俗，有一个美丽的传说。相传古时候有一个书生名叫郭华，他在进京赶考的路上和一位姑娘一见钟情，并结为了夫妻。可惜好景不长，郭华就得急病去世了，姑娘将他埋在了自己的床下。后来，姑娘怀孕了，十个月后生下一个儿子。为了告慰郭华的魂灵，她常常在床头焚香祭拜。有人问她为什么这么做，姑娘回答自己在拜床母，祈祷孩子能够平安长大。从此以后，人们便纷纷效仿，于是有了七月七日拜床母的习俗流传于世。每逢七月七日，家家户户带着孩子一起祭拜床母。傍晚时，孩子们在自己的床上供奉肉、酒、饭、糖果等供品，焚香叩拜，祈求床母庇佑赐福。

二、铺产床

古代民间在为产妇布置产床时，通常不准许产妇使用炕席等日常被褥，怕其不洁，玷辱丈夫或者给家庭带来晦气，招致祸患，而必须另外铺以干草。生产的时候，孕妇就坐在干草上分娩，因而古代妇女生产也称"坐草""落草""就草""在草"等。

这种习俗由来已久，东汉许慎解释《淮南子本经》"刳谏者，剔孕妇"时就说："孕妇，妊身就草之妇也。"由此可见，在东汉时期这种习俗就已经存在了。《世说新语·政事》记载："陈仲弓为太丘长，有窃贼杀财主者，捕之。未至发所，道闻民有在草不起子者，回车往治之。"陈仲弓即陈寔，也是东汉人，曾任太丘长。这则材料描述的是陈寔抢救难产妇女的故事，反映了汉末民间分娩习俗。

魏晋南北朝时期延续了汉代风俗，不管民间妇女还是宫廷贵妇，生育时都在草荐上。《晋书·惠贾皇后传》记载："后诈有身，内（通纳）稿（藁）物为产具，遂取妹夫韩寿子慰祖养之。"《晋书·元帝纪》中也说："（元帝）生于洛阳……所藉藁如始刈。"藁是一种茎秆中空的粗长杂草，是当时产妇生产普遍使用的垫座。晋元帝的母亲虽然贵为皇后，但是也要遵守世俗规定，使用藁草做产褥。《高僧传》中写道："于法开尝投人家，值妇人在草甚急，（于法）开针之，须臾，羊膜裹儿而出。"亦反映出当时的习俗。后来，随着棉花传入中原，并在全国各地广泛种植，产褥开始改用棉褥，不过在乡村地区和家境贫寒的农家，产妇生产依然是坐在草堆上。南宋张端义《贵耳集》中说："鹤山先生夫人，方坐蓐。"这里的"蓐"指的就是草垫。坐草分娩的做法在明清时期还十分普遍。明代姚士麟《见只编》中说："比当坐草,命帷蔽产妇于堂,遍延宗党坐列堂外。"清代东轩主人《述异录》中描述了清代早期乡村地区的产褥设置："妾受身已九月,约正月必坐草。"

到了民国时期,有些地区还保留着在草秸上生育的习俗。台湾一般人家妇女生产时,在产床前的地面上铺设一层厚厚的稻草堆,让产妇坐在上面生产。在东北地区,妇女通常在炕上生育,但"门槛是当家人的脖子,炕席是当家人的脸",人们认为在炕席上生产玷污当家人的脸面,因此忌讳产妇直接在炕上产下婴儿,每当产妇生产时,就掀掉炕上的铺席,放上草秸,让产妇在草秸上分娩。在山东临沂蒙阴等地,产妇生产时往往在产床前就地铺上麦穰,在泰安一带则在产床前放一块土坯,然后铺上谷草或麦穰,让婴儿生在草上。而在山西南部,孕妇将要分娩时,娘家要派人送去一把谷草或粟杆,婆家则准备一捆谷草,让产妇靠卧在上面生产。

古代将稻草麦秸等作为分娩用物,主要出于两个原因:一是当时的社会缺乏布、纸等物品,产妇生产时用草可以防止羊水、污血等污染产房;二是婆家希望产妇能像草类植物那样,多生、易生。

第五章

古风神韵：床与诗词典故

第一节　古诗词里的"床"形象

在我国古典诗词中，处处可以看到"床"的踪迹。

早在先秦时期，我国第一部诗歌总集《诗经》中就有关于床的描述。《小雅·北山》表达了对劳役不均的怨恨："或燕燕居息，或尽瘁事国，或息偃在床，或不已于行。"《小雅·斯干》反映了人们的育儿观念："乃生男子，载寝之床，载衣之裳，载弄之璋。"《豳风·七月》描写了西周时期农夫们劳动的情景："七月在野，八月在宇，九月在户，十月蟋蟀入我床下。"上述诗句从侧面说明了床的存在与使用。三国时期，曹氏父子的诗歌中也有床的形象，较为有名的是曹丕《燕歌行》中的"明月皎皎照我床，星汉西流夜未央"句。南北朝,床依然是古诗中常见的意象,在长篇叙事诗《孔雀东南飞》中,有"移我琉璃榻,出置前窗下"的句子,说明当时已有镶嵌琉璃的床榻;在乐府民歌《木兰诗》中,有"开我东阁门,坐我西阁床"句,再次证实床的存在与使用。

从上面这些这些古老的诗句中,我们了解到当时床的一些样式、功能、装饰,以及古代人民使用床榻的情况。

随着社会及文化的发展,诗词和床的联系似乎越来越紧密。床在诗词中的内涵已经不再局限于字表,而成为诗人情感的一种寄托和象征。

一、屋漏床湿忧民情

在我国古代诗坛上,不乏忧国忧民的诗人。许多诗词大家都曾写下忧民的诗篇,或表达对贫苦百姓的同情,或揭露社会的腐朽黑暗,或抨击骄奢淫逸、鱼肉百姓的贪官污吏,或把矛头指向最高统治者。

诗人在表达忧民情怀的时候,总是借助日常生活中的人与物、情与景来抒发。床作为与人们朝夕相伴的重要家具,自然会被诗人注意,并融入其忧民诗篇里。

中国是一个传统的农业大国,历朝历代都很重视农业,同时对农民的剥削压榨也很厉害。农民的忧患和疾苦,一直以来都受到诗人的关注。那些在烈日之下辛苦劳作的农夫,本就生活艰难,如果再遇到天灾的打击,则堪称雪上加霜,更加苦不堪言了。明代诗人李东阳有一首《风雨叹》,描述的是一次暴风雨灾害。明宪宗成化八年(1472年),江浙沿海一带发生洪灾,受灾地区包括苏州、杭州、绍兴、嘉兴等八府，溺死者达28 000多人，作者当时正好路过受灾区域，目睹百姓流离失所、哀伤苦痛，有感而发，写下这首悲天悯人之作：

"山陁谷汹豺虎嗥，万木尽拔乘波涛。
洲沉岛灭无所逃，顷刻性命轻鸿毛。
我方停舟在江皋，披衣踞床夜复昼。
忽掩青袍涕双透，举头观天恐天漏。"

洪水让数以万计的百姓家破人亡，明人张羽在《踏水车谣》中就描绘了这一凄惨景象：

"君不见，东家妻，前年换米向湖西。
至今破屋风兼雨，夜夜孤儿床下啼。"

水灾夺去了丈夫的生命，妻子被迫改嫁，年幼的孩子成为孤儿，夜夜在床下啼哭，诗人对农民命运的深切同情跃然纸上。

在封建时代，虫灾常常给农民生活造成严重威胁。北宋诗人王令在《梦蝗》一诗中，记述了发生虫灾时的景象：

"贫者无室庐，父子各席居。
贱者饿无食，妻子相对吁。
……
连床列竽笙，别屋连嫔妹。

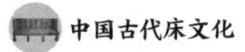

一身万椽家，一口千仓储。"

蝗虫灾害令底层百姓饱受饥饿，没有容身之所，富贵人家却钟鸣鼎食，过着高枕无忧的生活。

农民在田地里辛劳一生，也难以换来衣食不愁的生活，中唐窦巩《代邻叟》中说："年来七十罢耕桑，就暖支羸强下床。"晚唐杜牧《题村舍》中说："三树稚桑春未到，扶床乳女午啼饥。"

农民在天灾面前已是无力应付，再加上层层人祸，更是生活在水深火热之中。

在古代，战争是常有之事，战争带来的家破人亡的悲剧比比皆是。唐代杜甫《新婚别》中写道：

"嫁女与征夫，不如弃路旁。
结发为君妻，席不暖君床。
暮婚晨告别，无乃太匆忙？"

贪官污吏的敲诈勒索也加深了底层百姓的负担，让他们的生活更加窘迫。南宋范成大《催租行》中提到：

"床头悭囊大如拳，扑破正有三百钱。
不堪与君成一醉，聊复偿君草鞋费。"

那些贪婪的地方官，竟然连农民床头口袋里仅剩的三百钱也要拿去，足见其可恶嘴脸。

当然，诗人也与民同乐。曾几《苏秀道中，自七月二十五日夜大雨三日，秋苗以苏，喜而有作》曰：

"一夕骄阳转作霖，梦回凉冷润衣襟。
不愁屋漏床床湿，且喜溪流岸岸深。"

久旱逢甘霖，田里的庄稼终于得救了，诗人欣喜万分，不由得喊出"不愁屋漏床床湿"的心声。

诗人是如此关怀人民的生活，以至于即使自己境况艰难，也时刻牵挂百姓。正如杜甫的《茅屋为秋风所破歌》，在自己家"床头屋漏无干处，雨脚如麻未断绝"的凄苦时刻，依然想着"安得广厦千万间，大庇天下寒士俱欢颜"。

总而言之，古代的诗人们就是农民的代言人，他们对底层人民的关注，以及为此表达出的同情、关切、激愤等各种情感，铸就了众多忧民的感人诗篇。

二、月照半床思故乡

以思乡怀远为主题的诗篇，在古代社会十分常见。在这些诗篇中，有许多是借助床这一媒介来抒发诗人的情怀。除了李白的《静夜思》之外，无数诗人也借诗道出了千百年来无数游子思乡的共同心声：

诗人用浅显易懂的语言，通过最常见的事物，将自己的思乡之情表达得淋漓尽致。

权德舆《玉台体》中写道：

"泪尽珊瑚枕,魂销玳瑁床。
罗衣不忍著,羞见绣鸳鸯。"

崔萱的《古意》中说:

"愿因西南风,吹上玳瑁床。
娇眠锦衾里,展转双鸳鸯。"

表现了对心上人的悠悠情思。
元稹在外游历时,曾写下《嘉陵驿二首》,诗曰:

"嘉陵驿上空床客,一夜嘉陵江水声。
仍对墙南满山树,野花撩乱月胧明。"
"墙外花枝压短墙,月明还照半张床。
无人会得此时意,一夜独眠西畔廊。"

诗中用"空床""半张床"表现了羁旅时的孤寂以及对亲人的思念。
白居易《赠内子》诗云:

"白发长兴叹,青娥亦伴愁。
寒衣补灯下,小女戏床头。
暗淡屏帏故,凄凉枕席秋。"

第五章 古风神韵：床与诗词典故

诗人对妻儿的思念尽在字里行间。

李商隐的《端居》同样是一首客居他乡的思乡之作，诗中写道：

"远书归梦两悠悠，只有空床敌素秋。
阶下青苔与红树，雨中寥落月中愁。"

其另一首诗作《嫦娥》，历来被视为怀念恋人的佳作：

"云母屏风烛影深，长河渐落晓星沉。
嫦娥应悔偷灵药，碧海青天夜夜心。"

宋词中也常用床及相关事物来表达思念之情。

姜夔的《解连环》中写道：

"水驿灯昏，又见在，曲屏近底。念唯有，夜来皓月，照伊自睡。"

毛滂旅居在外，适逢元宵佳节，万家团圆，心中更加思念妻子，作《临江仙》一首，词的下片为：

"谁见江南憔悴客，端忧懒步芳尘。小屏风畔冷香凝。酒浓春入梦，窗破月寻人。"

词人想象远方的妻子在闺房中对着屏风落泪,泪水凝住了脸上的脂粉,词人对妻子的深切思念显露无疑。

潘汾在《丑奴儿慢》中表达了对心上人刻骨铭心的想念:

"忍记那回,玉人娇困,初试单衣。共携手,红窗描绣,画扇题诗。怎有如今,半床明月两天涯。章台何处?应是为我蹙损双眉。"

上述诗词中被明亮月光拂照的床榻,都是诗人思念亲人恋人的惆怅心境的写照。还有一些诗词是通过回忆往昔来抒发对亲朋好友的怀念之情的。

晁冲之的《临江仙》写出了感旧之情:

"忆昔西池池上饮,年年多少欢娱?别来不寄一行书。寻常相见了,犹道不如初。

安稳锦衾今夜梦,月明好渡江湖。相思休问定何如。情知春去后,管得落花无?"

词人想起过去的欢娱场面,无限深情地想象亲人今晚安稳地睡在锦屏帐中的场景。

以上这些思乡怀亲的诗词,可谓满纸乡思,行行深情。他们发出的悠长叹息,对故乡、亲人、恋人的殷切想念,交织成一首首感人的乐曲,令人为之心动!

三、人去床空悼亡人

悼亡诗是古典诗歌中常见的题材之一,展露着诗人感情世界的最深角隅。不管是歌山咏水的田园诗人,还是慷慨激昂的边塞诗人,抑或是豪放不羁的浪漫诗人,在悼念亡人的悼亡诗里,都是句句含泪,字字传情。这些伤感且饱含真情的诗句,直到今天依然打动着我们的心扉,让我们情不自禁地为之落泪。尤其是悼念亡妻的诗作,深情真挚,将昔日夫妻间的恩爱甜蜜,同当前形单影只的孤寂、人去床空的伤感,写得淋漓尽致。

悼亡诗写得较好的首推唐代诗人李商隐和元稹。李商隐和妻子王氏感情很好,王氏后来因病去世,李商隐写了许多悼亡的诗篇。其中有一首五言古诗——《房中曲》,诗中说:

"枕是龙宫石,割得秋波色。
玉簟失柔肤,但见蒙罗碧。"

诗人离家在外,得知妻子病重,急忙赶回家中,却未能见到妻子最后一面。房中只有妻子生前所用之物,诗人睹物生情。

《王十二兄与畏之员外相访,见招小饮。时予以悼亡日近,不去,因寄》是李商隐的另一首悼亡诗:

"谢傅门庭旧末行,今朝歌管属檀郎。
更无人处帘垂地,欲拂尘时簟竟床。"

诗人的内兄王十二和连襟韩瞻去拜访诗人，邀他去王家喝酒。当时王氏亡故不久，诗人心伤不愿前往，遂写下这首诗表示歉意。诗中的长簟竟床是诗人睹物思人的感情写真。

诗人元稹也曾写下不少悼亡诗。元稹与妻子韦丛相敬如宾，十分恩爱，韦丛去世以后，元稹非常悲痛，多次写诗悼念她，如《答友封见赠》：

"荀令香销潘簟空，悼亡诗满旧屏风。
扶床小女君先识，应为些些似外翁。"

李商隐和元稹的诗中都提到了"簟空""竟床"，这是对前人诗句的化用。西晋时期，诗人潘岳善写悼亡诗，在其诗作中有"长簟竟床空"之句，意为人已经逝去，只有长席铺满在空床上。此后，"长簟""竟床"便成为悼亡的代名词，常被后世诗人引用。

"空床"也是悼亡诗中常见的用词。南朝沈约《悼亡诗》中有"游尘掩虚座，孤帐覆空床"的句子。北宋贺铸的《鹧鸪天》也用到了"空床"一词："空床卧听南窗雨，谁复挑灯夜补衣。"

明代诗人王彦泓的《空屋》，是一首情真意切的悼亡诗，诗中说：

"秋屋凝尘暗簟纹，冷风萧瑟动灵裙。
床头剩药求医卖，箧底遗香任婢分。"

人逝屋空,只留下床上的竹席和床头的剩药,物是人非的景象,令人唏嘘。

上述悼亡诗基本都是睹物伤情,亡者在世时使用的竹席和床榻,在诗人的眼里都成为她们的化身,勾起诗人对她们的无限思念。而广为诗人使用的"长簟""竟床",已成为悼亡诗的显著标识,传于后世。

四、半榻空床寄幽怨

古典诗词中描写深闺幽怨、离愁别绪的作品俯拾即是。汉代《古诗十九首》中就有这样的作品。到了诗词辉煌的唐宋时代,闺怨诗词的发展更是达到了鼎盛,在整个诗词领域占据重要地位。闺怨诗词的主题大致分两类,一类是直接描写深闺妇女诸如征人妇、商人妇、弃妇、寡妇的孤寂怨恨和对丈夫的思念之情,另一类是借助闺中女子的哀怨间接抒发诗人自身的抑郁不得志。在这些闺怨诗词中,诗人通常用半榻、空床等形象来表达自己的愁闷。

《古诗十九首·青青河畔草》中写道:

"青青河畔草,郁郁园中柳。
盈盈楼上女,皎皎当窗牖。
娥娥红粉妆,纤纤出素手。
昔为倡家女,今为荡子妇。
荡子行不归,空床难独守。"

白居易《闺妇》中写道:

"斜凭绣床愁不动,红销带缓绿鬟低。
辽阳春尽无消息,夜合花前日又西。"

崔珏《孤寝怨》中写道:

"灯暗愁孤坐,床空怨独眠。
自君辽海去,玉匣闭春弦。"

温庭筠《瑶瑟怨》中写道:

"冰簟银床梦不成,碧天如水夜云轻。
雁声远过潇湘去,十二楼中月自明。"

刘元济《相和歌辞·怨诗》中写道:

"虚牖风惊梦,空床月厌人。
归期倘可促,勿度柳园春。"

从上面的描绘可以看出,床是闺怨诗中不可或缺的寄情之物。

《西厢记》中崔莺莺的《寄诗》刻画了其慵懒无聊的生活,表达了对恋人刻骨铭心的思念之情,用语可谓哀怨至极:

■ 第五章 古风神韵：床与诗词典故

"自从销瘦减容光，万转千回懒下床。"

而唐代无名氏的《杂诗》更是声声含泪：

"不洗残妆并绣床，却嫌鹦鹉绣鸳鸯。
回针绣到双飞处，忆着征人泪数行。"

以上这些诗句，借助"懒下床"等闺房物象，刻画了思妇和征人妇的孤寂、愁情。

还有一些诗词通过回忆往昔或者联想，来表现主人公的幽怨之情，如明代诗人陈海樵的《锁南枝·夜思》中写道：

"天街静，二更余，思君此时犹读书。
庭草未曾除，囊萤灿如许。门双掩，
榻半虚。猛可的竹生风，长疑是君语。"
"三更转，夜半天，知君此时犹未眠。
铁马傍风传，银河绕檐转。临床畔，
当案前。试展寄来书，浑如对君面。"

词中刻画了一位闺中少妇，从一更天到五更天，面对空床、书案，流露出对丈夫的深切思念。

宋代女词人李清照是婉约词派的杰出代表，在她的词作中，常常借助"空床""藤床"等景物，来描绘孤独的生活和抒发相思之情。

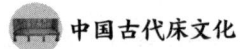 中国古代床文化

《孤雁儿》中说：

"藤床纸帐朝眠起，说不尽无佳思。"

《行香子》中写道：

"黄昏院落，凄凄惶惶，酒醒时往事愁肠。
那堪永夜，明月空床。
闻砧声捣，蛩声细，漏声长。"

用"明月对空床"来表现长夜不眠的愁绪。

上述这些闺怨诗词，用闺房内的清冷、空荡，表现了闺中少妇的离愁别恨。诗词中提到的空床、半榻等事物，毫无疑问已经成为闺怨的一种象征。

满床明月满床霜

唐代的关盼盼，是武宁节度使、徐州守将张愔的爱妾。张愔去世以后，关盼盼守节，一人在燕子楼上幽然独处。关盼盼的深情让张愔的哥哥张仲素十分感动，写下《燕子楼》三首，并寄给白居易阅览，其中一首写道："楼上残灯伴晓霜，独眠人起合欢床。相思一夜情多少，地角天涯不是长。"白居易读完诗后深为感动，便也和了三首《燕子楼》，其中一首内

容是这样的:"满床明月满床霜,被冷灯残拂卧床。燕子楼中霜月夜,秋来只为一人长。"两位诗人笔下的合欢床,载满了浓重的冷霜,表现出关盼盼在燕子楼中凄楚孤苦的心境,真切感人。

五、卧床方榻触心声

诗人的感怀之情无处不在,无处不发。沧桑的历史遗迹,黑暗的社会现实,怀才不遇的境况等,总是容易勾起诗人的情思。特别是在国家危难、民不聊生的时刻,诗人常常流露出忧国忧民的情怀,将批判的笔锋直接指向权贵,或含蓄地指向朝廷。也有一些诗人采取寄情山水、归隐书斋的态度,来宣泄内心的愤懑和苦涩。在流传下来的诗词作品中,有很多诗人是以身边常见的家具——床榻为兴、为比、为感、为由,吟诵出感怀之情的。

腐败的时政最容易触发诗人的感怀。唐代安史之乱后,对于唐玄宗荒淫无度导致国家衰败的行为,诸多诗人进行了揭露和批判,留下了许多感怀的诗篇。

王建《霓裳词》中说:

"弟子部中留一色,听风听水作霓裳。
散声未足重来授,直到床前见上皇。"

白居易的《长恨歌》中写道:

"闻道汉家天子使,九华帐里梦魂惊。
揽衣推枕起徘徊,珠箔银屏迤逦开。"

还有一些诗人揭露唐玄宗宠信杨贵妃兄妹和安禄山,为日后的安史之乱埋下了隐患。如李商隐的《行次西郊作一百韵》中写道:

"大朝会万方,天子正临轩。
彩旗转初旭,玉座当祥烟。
金障既特设,珠帘亦高褰。
捋须寨不顾,坐在御榻前。"

唐玄宗对安禄山恩宠有加,曾在盛大的朝会上专门为他设置金屏风,并在御榻前特设座位。这是历史上真实发生的事件,《旧唐书·安禄山传》中亦有记载:"上御勤政楼,于御座东为(安禄山)设一大金鸡障,前置一榻坐之,卷去其帘。"

元稹的《连昌宫词》通过宫边老人的泣诉,讲述了安史之乱前后的政治兴衰,对唐玄宗的误国进行了指责。诗中描述了连昌宫现在的衰败荒凉,与往昔的繁荣盛况形成鲜明对照:

"上皇偏爱临砌花,依然御榻临阶斜。
蛇出燕巢盘斗拱,菌生香案正当衙。"

■ 第五章 古风神韵：床与诗词典故

戎昱的《秋望兴庆宫》，亦是通过描绘兴庆宫的破败荒废，来鞭挞唐玄宗的误国。诗云：

"先皇歌舞地，今日未游巡。
幽咽龙池水，凄凉御榻尘。
随风秋树叶，对月老宫人。
万事如桑海，悲来欲恸神。"

苏轼的《华清引·感旧》是词人游览骊山时有感而发所作的，词的下片写道：

"翠华一去掩方床，独留烟树苍苍。
至今清夜月，依前过缭墙。"

通过华清池空床掩帘的凄凉景象，说明安史之乱所造成的衰败，并对唐玄宗骄奢淫逸的生活予以了否定。

历代以来，不少诗人都有悲愤世事、寄情山水的诗作，如南北朝诗人鲍照的《拟行路难》，诗中流露出诗人有志难伸的愤懑之情，极富感染力：

"对案不能食，拔剑击柱长叹息。
丈夫生世会几时？安能蹀躞垂羽翼！
弃置罢官去，还家自休息。
朝出与亲辞，暮还在亲侧。

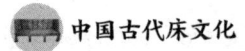 中国古代床文化

弄儿床前戏,看妇机中织。
自古圣贤尽贫贱,何况我辈孤且直。"

白居易的《文柏床》,借柏树来比喻自己,表现了自身所遭受的不公待遇:

"陵上有老柏,柯叶寒苍苍。
朝为风烟树,暮为宴寝床。
以其多奇文,宜升君子堂。
刮削露节目,拂拭生辉光。
玄斑状狸首,素质如截肪。
虽充悦目玩,终乏周身防。
华彩诚可爱,生理苦已伤。
方知自残者,为有好文章。"

也有一些诗人以书为友,表现出悠然生活的情趣。

卢照邻在《长安古意》中,赞赏汉代的扬雄虽然在官场上不得志,却能以文采垂名于世。诗中写道:

"寂寂寥寥扬子居,年年岁岁一床书。"

于谦在其生日时作诗一首,诗中写道:

"清风一枕南窗卧,闲阅床头几卷书。"

■ 第五章 古风神韵：床与诗词典故

还有一些诗人厌倦世事，或掩门读书作画，或追求道禅自解。如孟郊的《偷诗》中写道：

"绳床独坐翁，默览有所传。
终当罢文字，别著逍遥篇。"

明代王稚登曾作诗：

"庵名半偈学维摩，榻对蕉阴胜薜萝。"
"一榻坐空三界观，片言消尽六根尘。"

有一些诗人生性坚毅、乐观，如南宋的辛弃疾，他在《清平乐》中写道：

"绕床饥鼠，蝙蝠翻灯舞。屋上松风吹急雨，破纸窗间自语。平生塞北江南，归来华发苍颜。布被秋宵梦觉，眼前万里江山。"

饥饿的老鼠绕着床爬来爬去，蝙蝠围着油灯上下翻舞，表现出作者住宿环境的荒凉。身处这样的环境，作者心中并无幽怨，依然满腔热血，牵挂着国家的前途。

陆游的《三月十七日夜醉中作》中有：

"逆胡未灭心未平,孤剑床头铿有声。"

王质在《定风波·赠将》中嘱咐边塞的友人:

"醉倒投床君且睡,却怕,挑灯看剑忽伤神。"

然而,诗人的爱国情怀又怎能扭转乾坤呢?在统治阶级的无作为状态下,山河依旧破碎。
林景熙在《书陆放翁诗卷后》悲痛地慨叹道:

"诗墨淋漓不负酒,但恨未饮月氏首。
床头孤剑空有声,坐看中原落人手。"

清末民初梁启超更是借用宋太祖名句,在《贺新郎》中呐喊出无限的悲愤:

"……物华依旧山河异。是谁家,庄严卧榻,尽伊鼾睡。"

诗人的感怀之作,就是这样通过日常生活中常见的床榻形象,来表达心声。可以说,这些诗中的方床卧榻已经化为诗人的感情影像了。

第二节　床榻典故

一、迎宾下榻

下榻原本是"放下床榻"的意思，表示对客人的尊重，现在则泛指住宿。

关于下榻，有一个流传至今的典故：

东汉时期，政治腐败，宦官专权。汝南人陈蕃从小胸怀大志，发誓削除宦官事权，重振大汉雄风。他做豫章太守时，刚上任，就急忙去拜访时称"南州高士"的隐士徐稚（字孺子）。陈蕃的手下看到他这样做大惑不解，议论纷纷。有人说他到任后不先去府地巡视，而是去看徐稚，是治理不好州郡的。有人说他怀有隐居之心，不然依照他的身份，怎么会去看一个隐士呢。

陈蕃对于这些议论并不在意，而是以虚心求教的态度找到了徐稚这位世外高人。两人相互久闻大名，彼此又都是当世的名士，真是一见如故。他们从重振朝纲谈到削除宦官权力，从治理州郡谈到怎么让人民安居乐业，大有相见恨晚之感。

之后没多久，徐稚来馆舍回拜陈蕃。志同道合的双方再次相见，越谈越投机，不知不觉间时间匆匆过去，很快到了半夜，两人才反应过来。徐稚起身告辞，陈蕃急忙阻拦了他，劝他暂住一宿。徐稚见陈蕃诚挚挽留，有心住下来，但也有些为难：陈蕃的馆舍里仅有一张床，而且只能睡一个人，徐稚了解陈蕃的为人，他无论如何是不会让朋友睡在地上的，可徐稚又怎会让身为太守、自己尊敬的好友睡在地上呢？于是两人一再推让，谁也不肯睡在床上，最后徐稚没能拗过陈蕃。躺在床上的徐稚辗转难眠，好不容易盼到天亮，真的要离开了。陈蕃送了一程又一程，望着徐稚离去的背影，突然想到一个好主意。

　　陈蕃回到馆舍，在卧室里专门为徐稚设了一张床榻，以便随时随地接待徐稚的来访。此后，每逢徐稚来做客，陈蕃都亲自为他整理床榻和被褥，使徐稚睡在这里就像睡在家里一样。等到徐稚离开，陈蕃就把床榻悬挂起来，以备徐稚下次过来的时候使用。

　　陈蕃的赤诚之情打动了徐稚，徐稚也竭尽全力地为陈蕃出谋划策。陈蕃后来做到太尉、太傅等职位，政绩斐然，名垂千古，其中可以说有徐稚的一份功劳。

　　陈蕃向以刚正不阿、礼贤下士而闻名天下，因而许多趋炎附势之徒争相结交陈蕃，其中不凡官僚政客、豪门富商之流。而对于阿谀奉承者，陈蕃从来都不屑一顾，自然也招致了这些小人的嫉恨，于是诽谤之词接踵而来，说陈蕃为徐稚设榻乃是沽名钓誉等。不过，陈蕃依然我行我素。

　　陈蕃晚年的时候，依旧为清肃朝纲、匡正汉室而努力，在他70岁高龄时，和大将军窦武密谋诛杀当权宦官王甫、曹节等，因事情败露,不幸遇害。

陈蕃虽然未能实现生平大志,但他迎宾下榻的事迹给了后人深刻的启迪,被人们称颂和引用。

知识链接

陈登下床

在古代,一间房里如果摆放两张床,就有上下首之分。有客人留宿的话,根据礼仪规定,应该让客人睡在上首那张床上,要是主人不喜欢那位客人,让其睡在下首的床上,就是对客人的轻慢。后世常用"下床"表示慢待客人。关于"下床",有一个典故:

三国时期,陈登、许汜和刘备一起在荆州刘表手下做事。有一天,许汜对刘备说,陈登是湖海之士,骄狂之气至今犹在。刘备问许汜何出此言。许汜说他曾经遭遇战乱路过下邳,去拜见陈登,陈登毫无主客之意,不与他说话,自顾自地睡在上首大床上,让许汜睡在下首床上。

许汜说这些话,当然带有怨恨之意,可见古人对于睡床位置的重视。

二、抚床进谏

古代皇帝所坐的床榻称为御床或御榻,这种床榻是权力的象征。《晋书·卫瓘》中有"卫瓘抚床进谏"的典故。

西晋时期，卫瓘才能出众，才能出众，为官清正，在朝野中广受称赞。他深得晋武帝信任和器重，官至司空一职。太子司马衷（即后来的晋惠帝）智商低下，为人愚笨，大臣们认为他治理不了政事，多次劝谏晋武帝另立太子，都未得到准许。卫瓘也想劝劝晋武帝，但始终鼓不起勇气。有一次，晋武帝在陵云台举行宴会，卫瓘也去参加了，他假装喝醉了酒，跪在晋武帝的坐榻前说："臣有事想要启奏。"晋武帝问："你要说什么？"卫瓘几次想要进谏，但话到嘴边又都咽了回去，最后只好用手抚摸着坐榻说："这个座位可惜了！"意思是说太子无能，不能坐床理事，暗示晋武帝废黜太子，因为他不配做皇帝。晋武帝这才明白卫瓘想说什么，为了阻止他说出口，便顺势说道："我看你真是醉了。"卫瓘看到晋武帝的态度，没有再说什么。后来，晋武帝当着太子宫中全体官员的面，将几件政事交予太子处理。太子不知道怎么办，太子妃贾南风便暗中找来有经验的人，帮太子写处理报告。报告内容旁征博引，写得非常好。有人提醒贾妃太子没学问，不宜引用古书，而应当按照太子已有的水平来写。贾妃听从了此人的建议，将适合太子水平的奏书呈报给了晋武帝。晋武帝大喜，让卫瓘也来看看奏书，贾妃的父亲贾充因此知道卫瓘反对太子继位，就让贾妃寻机除掉卫瓘。等到后来贾妃掌握了朝中大权，就把卫瓘杀死了。

三、高卧东床

东床的本意，顾名思义是指位于房屋东面的床。后来，东床成为女婿的代名词，而这与大名鼎鼎的书法家王羲之有关。

■ 第五章 古风神韵：床与诗词典故

王羲之是东晋时期建康（今江苏南京）乌衣巷名门望族王氏族人，丞相王导的侄子，因为他曾经担任右军将军，所以人们也称他为"王右军"。王羲之从小苦练书法，把书法看得十分重要，但他在生活上不拘小节，对自己的婚姻大事也漠然懵懂。

当时朝中有一个叫郗鉴的太尉，他有一个女儿，年方二八，样貌倾城，宛若天仙，是郗鉴的掌上明珠。郗鉴一心想为女儿找个门当户对、称心如意的夫君。他觉得丞相王导跟自己关系不错，又一起为朝廷效力，而且王家子侄众多，个个才貌双全，因而有心与王导结为亲家。但是当时郗鉴身在京口（今江苏镇江），因而遣门人带着书信到建康向王导提亲。王导读完书信后说："这很好啊，我家里面子侄众多，哪天方便就来家里随便挑选吧。只要是你家相中的，不管是哪一个，我都同意。"几天后，郗家管家携礼来到王导家里。听说郗鉴派人来提亲，王府子弟全都认真打扮了一番出来相见。王府管家核对人数，但数来数去，总是缺少一个人。于是，他带领郗府管家来到王府东院的书房里。刚走进书房，就看到靠东墙的床上仰卧着一个袒胸露腹的年轻人，对郗太尉家前来提亲一事无动于衷。郗府管家回到府里后，向郗鉴禀告道："王家子弟都长得十分英俊，听说您派人前去选婿，个个郑重其事，只有一个袒露肚皮的小伙子，躺在东厢的床上，仿佛什么事也没有发生一样。"郗鉴哈哈大笑道："这个小伙子与众不同，正是我想要的乘龙快婿啊。"

没几天，郗鉴亲自来到王导府上，见之前躺在东床上的小伙子既豁达又文雅，才貌双全。他认为此人胸怀坦荡，不虚伪做作，将来必定是人中豪杰。郗鉴慧眼识人，当场下了定礼，把这

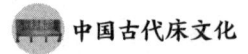

个小伙子择为快婿。

　　这个被郗鉴择为女婿的正是后来声名远扬的书法家王羲之。这个故事反映的是"东床快婿"一词的由来。从此以后，人们便把女婿称为"东床"。

南　床

　　与高卧东床的淡然形成对照的是对南床的渴求。南床是唐宋时期在御史台食坐之南所设的横榻。南床具有权力象征的意义，这种床只有侍御史可以坐，殿中和监察御史皆不得坐。南床又称痴床，因坐此床使人骄倨如痴而得名。南床痴梦，指日高升，是古代雕花大床上经常可以看到的题材。

四、胡床吹笛

　　胡床是汉魏时期的主要坐具之一，围绕胡床也留下了诸多典故，比如桓伊胡床吹笛的故事。

　　桓伊是东晋时期的将领，曾与谢玄一同领导了"淝水之战"。桓伊不仅文韬武略，而且喜欢音乐，是一位著名的音乐家，《晋书·桓伊传》中说他"善吹笛，尽一时之妙，为江左第一"。传说他使用的竹笛是东汉著名书法家、音乐家蔡邕制作的"柯亭笛"。桓伊对自己的竹笛爱若珍宝，随身携带，就算在睡觉的时候也放在枕头边，以便能即兴吹奏。桓伊因此也被人们誉为

"笛圣"。

有一次,桓伊带着笛子到建康城外的青溪码头游玩。刚走到岸边,就听到有人喊他。原来,王羲之的儿子王徽之正在附近乘船游玩,听人说桓伊也过来了,敬仰他的大名,就派随从过来请桓伊上船吹奏一曲。桓伊此时的官职远远高于王徽之,但他并未摆架子,跟着随从上了王徽之的船。进入船舱后,桓伊也不打招呼,直接盘腿坐在胡床上,旁若无人地吹奏起来。曲调清越宛转,高妙绝伦,正是著名的《梅花三弄》。王徽之闭目聆听,沉醉于桓伊的笛声中,为曲中的意境所吸引。桓伊吹完以后,一声不响地从胡床上站起来,下船走了,而王徽之还在回味之中。

桓伊胡床吹笛的雅事是魏晋风流的一个写照,受到了后世文人的仰慕。而桓伊所吹的《梅花三弄》笛曲,是历代以来最流行的优秀笛曲之一。

五、御床塌陷

对于封建君主来说,御床与皇位是密切相关的,御床完好则象征皇位稳固,而御床出现瑕疵,则意味着皇权岌岌可危。在东晋时期,就有一则御床塌陷的故事。

桓玄是东晋晚期的著名人物,其母亲是晋明帝司马绍嫡长女司马兴男,父亲是大司马、南郡公桓温。桓玄四五岁时,父亲就去世了,他继承父亲的爵位,被封为南郡公。

公元402年,桓玄在江陵起兵,不久攻入京都建康,废除和杀害了执政的会稽王司马道子、司马元显,自封为丞相和太尉,成为东晋王朝的实际掌权人。不过,桓玄的野心并未得到满足,他想自己做皇帝，因此谋划着篡位。

公元403年冬天，桓玄事先准备好称帝需要的冠冕和车马仪仗，并将自己的王妃封为王后，世子封为太子。没多久，他就命人写好禅让的诏书，逼迫晋安帝抄写。随后，在一些大臣的配合下，桓玄假装推辞了一番，接着正式登基为帝，定国号为"楚"，改元"永始"。

可让人意想不到的是，在桓玄坐上龙床的那一刻，龙床突然塌了。据《晋书·殷仲文传》记载："玄篡位入宫，其床忽陷，群下失色。"坐床即是登基，象征权力的床突然陷落，这可不是什么好兆头，于是群臣大惊失色。这时候，一个名叫殷仲文的官员站了出来，趁机拍马屁，说这床由有圣德的人（指桓玄）来坐，以至于地不能承载其圣德，因此床塌陷了。桓玄听了殷仲文的一席话，顿时大喜，对他嘉赏有余。

后来，正如桓玄龙床倒塌所预示的，他的皇位坐得并不安稳，不到3个月时间，东晋大将军刘裕便起兵反叛，桓楚王朝很快被灭亡，空留下一段笑史在人间。

六、卧榻之侧，岂容他人酣睡

北宋初期，有一个由榻引出的著名典故：

宋太祖赵匡胤黄袍加身以后，急欲完成统一全国的大业。当时，南唐占据着长江以南地区，都城设在金陵（今江苏南京）。赵匡胤派遣大军南下攻打南唐，宋军渡过长江，包围了金陵。南唐后主李煜是个喜欢风花雪月的皇帝，长期以来一直沉溺于玩乐，过着纸醉金迷的生活，对政事并不理会，最终导致南唐国力衰败。面对北宋强大的军事力量，李煜这才如梦初醒，慌忙召集群臣商议对策。

大臣们一致认为，以南唐军队的数量和质量，根本抵挡不了声势浩大的宋朝军队，唯一的办法就是派人求和。于是，李煜命徐铉去见赵匡胤，请求他手下留情。

徐铉见到赵匡胤后询问他征讨南唐的原因，赵匡胤直截了当地说："卧榻的一边，怎能容许别人酣睡呢？"毫不掩饰其统一天下的雄心。从此，这句以"卧榻"喻事之语成为一条名言，人们常用其比喻自己的势力范围不允许别人染指。

七、夜雨对床

夜雨对床也称对床夜雨，说的是唐宋诗人亲密交往的故事，后来泛指亲友兄弟久别重逢、倾心交谈的雅事。

夜雨对床最有名的典故是关于宋代苏轼、苏辙兄弟的。

苏轼和苏辙感情十分深厚。嘉佑六年（1061年）秋天，他们以进士身份一起去参加制科考试，居住在汴京的怀远驿。半夜时风雨大作，这时兄弟二人尚未歇息，正一起读书，读到了韦应物的《示全真元常》诗："余辞郡符去，尔为外事牵。安知风雨夜，复此对床眠。始话南池饮，更咏西楼篇。无将一会易，岁月坐推迁。""安知风雨夜"和眼前的情景正好符合，兄弟俩的心中由此生出无限感慨，对入仕以后可能出现的离别场景充满了惆怅。兄弟二人于是"相约早退，为闲居之乐"，以便能够永久地在一起联床共话。

不久后，苏轼和苏辙均通过考试，进入官场。苏轼出任凤翔府签判，苏辙一直相送到郑州西门。苏轼赋诗一首，诗曰："寒灯

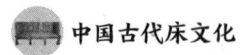 中国古代床文化

相对记畴昔,夜雨何时听萧瑟?君知此意不可忘,慎勿苦爱高官职!"自注:"尝有夜雨对床之言,故云尔。"之后,苏轼多次给弟弟寄诗:"对床欲作连夜语""雪堂风雨夜,已作对床声""对床定悠悠,夜雨空萧瑟""辜负当年林下语,对床夜雨听萧瑟"……苏辙也写下了许多诗篇寄给哥哥:"夜深魂梦先飞去,风雨对床闻晓钟""燕坐微闻落瓦声,共对一樽通夜语"……就连出使塞外也不忘给哥哥寄诗,感慨的首先是"夜雨从来相对眠,兹行万里隔胡天"。"夜雨对床"成为兄弟二人心领神会的期盼与誓约。

 知识链接

听雨对床眠

唐代诗人张籍早年家境贫寒,喜欢读书,贞元十四年(798年)考中进士,后来成为太常寺太祝(主管祭祀的官员)。做了四年太祝后,张籍得了眼疾,近乎失明,当时的人都叫他"穷瞎张太祝"。白居易与张籍处于同一时代,和他要好,并十分推崇他的诗。一个夏末秋初的雨天,白居易闲来无事,想邀请张籍过来叙旧,便写了一首诗给他:"泥泞非游日,阴沉好睡天。能来同宿否,听雨对床眠。""听雨对床眠"显示了两位诗人关系深厚。

八、吟榻观潮

榻在古代文人中颇受欢迎。在文人的书斋、卧房里,常常摆

放着一张榻，文人坐卧在上面，或者读书，或者歇息，或者吟诗作对。北宋诗人陈师道就喜欢在榻上作诗。

陈师道字无己，一生穷困，但专心作诗，将精力都倾注在创作上，最终成为江西诗派的一名代表作家。陈师道是个喜欢苦吟的诗人，平时不管是在家里，还是去朋友家做客，抑或是出外游览名胜古迹，都时刻想着作诗。当他产生了灵感，捕捉住了题材，就要立刻回到家里，关起房门，躺在卧榻上，用被子把自己蒙住，苦苦地思索好词佳句，不达目的绝不罢休。每当这时，家里的人就会自动避开他，不去打搅，直到他把诗吟诵出来。他的卧榻由此得名"吟榻"。而江西诗派的开创者黄庭坚，也因此称他为"闭门觅句陈无己"。

有一年农历八月十七日，陈师道去杭州参观钱塘江大潮。潮水汹涌澎湃的气势令他惊心动魄，下决心一定要把这景象描绘下来。可是钱塘江大潮天下闻名，古往今来不知有多少诗人歌颂过它，如果没有出奇制胜的笔墨，是很难超越前人，给人耳目一新的感觉的。

陈师道躺在"吟榻"上绞尽脑汁，琢磨了许久，终于吟诵出一首新奇别致的诗篇，这就是他的《十七日观潮》：

"漫漫平沙走白虹，瑶台失手玉杯空。
晴天摇动清江底，晚日浮沉急浪中。"

这首诗通篇从间接的角度描绘钱塘江大潮。第一句用白色的长虹来比喻迎面涌来的潮水，写初见大潮时的景色；第二句用瑶台仙人打翻玉杯倾泼琼浆，来比喻四下飞溅的浪花。这两句形象而生动，且符合实际情景。后两句通过倒映和浮沉在潮水中的晴朗天空、黄昏落日，刻画出潮水的急速流动，给人新奇巧妙之感。简洁易懂的四句诗，充分展现出了钱塘江大潮汹涌澎湃的气势和壮阔奇丽的景象。

参考文献

［1］尹文.中国床榻艺术史［M］.南京：东南大学出版社，2010.

［2］于伸.木样年华：中国古代家具［M］.天津：百花文艺出版社，2006.

［3］陈志刚.中国古代坐卧具小史［M］.北京：中国长安出版社，2014.

［4］赵祖武.明清床榻［M］.天津：百花文艺出版社，2006.

［5］张福昌.中华民族传统家具大典·民族卷［M］.北京：清华大学出版社，2016.

［6］胡文彦，于淑岩.中国家具文化［M］.石家庄：河北美术出版社，2002.

［7］李宗山.家具史话［M］.北京：社会科学文献出版社，2012.

［8］刘文哲.中国古代家具鉴定实例［M］.北京：华龄出版社，2010.

［9］李洋，周健.中国室内设计历史图说［M］.北京：机械工业出版社，2010.

［10］范佩玲.十里红妆——浙东地区民间嫁妆器物研究［M］.北京：文物出版社，2012.

［11］李德喜、陈善钰.中国古典家具［M］.武汉：华中理工大学出版社，1998.

［12］吕九芳，王加祎.中国川作家具［M］.上海：上海科学技术出版社，2017.

[13] 吴存浩. 中国民俗通志：婚嫁志[M]. 济南：山东教育出版社，2005.

[14] 完颜绍元. 婚嫁趣谈[M]. 上海：上海古籍出版社，2003.

[15] 王增永，李仲祥. 婚丧礼俗面面观[M]. 济南：齐鲁书社，2001.

[16] 万建中. 育儿习俗[M]. 天津：天津人民出版社，2011.

图片授权

中华图片库
林静文化摄影部

敬　启

本书图片的编选，参阅了一些网站和公共图库。由于联系上的困难，我们与部分入选图片的作者未能取得联系，谨致深深的歉意。敬请图片原作者见到本书后，及时与我们联系，以便我们按国家有关规定支付稿酬并赠送样书。

联系邮箱：932389463@qq.com

中国传统民俗文化丛书

一、古代人物系列（13本）

1. 中国古代乞丐
2. 中国古代道士
3. 中国古代名帝
4. 中国古代名将
5. 中国古代名相
6. 中国古代文人
7. 中国古代高僧
8. 中国古代太监
9. 中国古代侠士
10. 中国古代幕僚
11. 中国古代皇后
12. 中国古代士人
13. 中国古代华侨

二、古代民俗系列（11本）

1. 中国古代民俗
2. 中国古代玩具
3. 中国古代服饰
4. 中国古代丧葬
5. 中国古代节日
6. 中国古代面具
7. 中国古代祭祀
8. 中国古代剪纸
9. 中国古代鞋帽
10. 中国古代生肖文化
11. 中国古代门窗

三、古代收藏系列（17本）

1. 中国古代金银器
2. 中国古代漆器
3. 中国古代藏书
4. 中国古代石雕
5. 中国古代雕刻
6. 中国古代书法
7. 中国古代木雕
8. 中国古代玉器
9. 中国古代青铜器
10. 中国古代瓷器
11. 中国古代钱币
12. 中国古代酒具
13. 中国古代家具
14. 中国古代陶器
15. 中国古代年画
16. 中国古代砖雕
17. 中国古代床文化

四、古代建筑系列（13本）

1. 中国古代建筑
2. 中国古代城墙
3. 中国古代陵墓
4. 中国古代砖瓦
5. 中国古代桥梁
6. 中国古塔
7. 中国古镇
8. 中国古代楼阁
9. 中国古都
10. 中国古代长城
11. 中国古代宫殿
12. 中国古代寺庙
13. 中国古代寺庙与道观建筑

五、古代科学技术系列（16本）

1. 中国古代科技
2. 中国古代农业
3. 中国古代水利
4. 中国古代医学
5. 中国古代版画
6. 中国古代养殖
7. 中国古代船舶

8. 中国古代兵器

9. 中国古代纺织与印染

10. 中国古代农具

11. 中国古代园艺

12. 中国古代天文历法

13. 中国古代印刷

14. 中国古代地理

15. 中国古代地方志

16. 中国古代天文历法与二十四节气

六、古代政治经济制度系列（18本）

1. 中国古代经济

2. 中国古代科举

3. 中国古代邮驿

4. 中国古代赋税

5. 中国古代关隘

6. 中国古代交通

7. 中国古代商号

8. 中国古代官制

9. 中国古代航海

10. 中国古代贸易

11. 中国古代军队

12. 中国古代法律

13. 中国古代战争

14. 中国古代衙门

15. 中国古代外交

16. 中国古代盐文化

17. 中国古代河流

18. 中国古代车马

七、古代文化系列（28本）

1. 中国古代婚姻

2. 中国古代武术

3. 中国古代城市

4. 中国古代教育

5. 中国古代家训

6. 中国古代书院

7. 中国古代典籍

8. 中国古代石窟

9. 中国古代战场

10. 中国古代礼仪

11. 中国古村落

12. 中国古代体育

13. 中国古代姓氏

14. 中国古代文房四宝

15. 中国古代饮食

16. 中国古代娱乐

17. 中国古代兵书

18. 中国古代哲学

19. 中国古代宗祠

20. 中国古代奇案

21. 中国古代旅游

22. 中国古代家风

23. 中国古代地名

24. 中国古代家谱与年谱

25. 中国古代名字与别号

26. 中国古代墓志铭

27. 中国古代民居

28. 中国古代汉字史话

八、古代艺术系列（12本）

1. 中国古代艺术

2. 中国古代戏曲

3. 中国古代绘画

4. 中国古代音乐

5. 中国古代文学

6. 中国古代乐器

7. 中国古代刺绣

8. 中国古代碑刻

9. 中国古代舞蹈

10. 中国古代篆刻

11. 中国古代杂技

12. 中国古代民间工艺